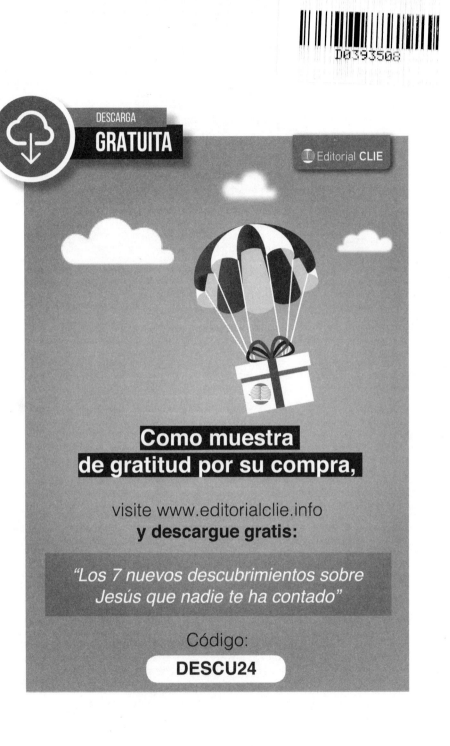

DIOS, CIENCIA
y
CONCIENCIA

¿Quién tiene razón, Dawkins o Pablo?

Antonio Cruz Suárez

Editorial CLIE
www.clie.es

EDITORIAL CLIE
C/ Ferrocarril, 8
08232 VILADECAVALLS
(Barcelona) ESPAÑA
E-mail: clie@clie.es
http://www.clie.es

DIOS, CIENCIA Y CONCIENCIA
ISBN: 978-84-17131-24-1
Depósito Legal: B 17495-2018
Religión y ciencia
General
Referencia: 225067

ANTONIO CRUZ nació en Úbeda, provincia de Jaén (España) el 15 de julio de 1952. Licenciado en Ciencias Biológicas por la Universidad de Barcelona el 17 de Marzo de 1979. Doctor en Biología por la misma Universidad de Barcelona el 10 de julio de 1990. En 2010 logra el Doctorado en Ministerio (Homilética y Antiguo Testamento/Nuevo Testamento) por la Theological University of America de Cedar Rapids (Iowa).

Ha sido Catedrático de Biología y Jefe del Seminario de Ciencias Experimentales. Biólogo investigador del Departamento de Biología Animal de la «Universidad de Barcelona». Ha formado parte de numerosos tribunales académicos constituidos para juzgar tesis doctorales y recibido reconocimientos de la «Universidad Autónoma de Honduras», «Universidad Autónoma de Yucatán» (México) y «Universidad Mariano Gálvezde Guatemala», por diversas intervenciones. Profesor del «Centro de Estudios Teológicos» en Barcelona. Es colaborador de FLET «Facultad Latinoamericana de Estudios Teológicos» en al área de Maestría.

En la actualidad es pastor colaborador en la Iglesia Unida de Terrassa.

Ha impartido seminarios, conferencias y predicaciones en centenares de iglesias e instituciones religiosas en España, Estados Unidos y toda Latinoamérica.

Ha publicado numerosos artículos en revistas científicas españolas y europeas especializadas en biología y zoología y ha participado en numerosos Congresos Científicos en España y en el extranjero.

Entre sus principales obras se encuentran:

-*Postmodernidad: El Evangelio ante el desafío del bienestar*, CLIE, 1996.
-*Bioética cristiana: Una propuesta para el tercer milenio*, CLIE, 1999.
-*Sociología: Una desmitificación*, CLIE, 2001.
-*La ciencia, ¿encuentra a Dios?*, CLIE, 2005.
-*Nuevo ateísmo*, CLIE, 2015.
-*Sermones actuales sobre las parábolas de Jesús*, CLIE, 2016.
-*A Dios por el ADN ¿Qué propone el Diseño inteligente?*, CLIE, 2017.
-*Sermones actuales sobre el Antiguo Testamento y el Nuevo Testamento*, CLIE, 2017.

ÍNDICE GENERAL

Introducción

El famoso zoólogo y etólogo británico, Richard Dawkins, -conocido en todo el mundo por su furibundo ateísmo- dice en el libro, *El espejismo de Dios*, que la creencia en Dios se puede calificar de delirio o locura. Insiste en que, tal como ya había señalado a mediados del siglo XX el escritor estadounidense, Robert M. Pirsig, cuando una persona sufre delirios, se dice que está loca o es demente, pero cuando los padecen muchas personas a la vez, se le denomina "religión".[1]

Sin embargo, el apóstol Pablo escribe a la iglesia de Corinto: *Pero el hombre natural no percibe las cosas que son del Espíritu de Dios, porque para él son una locura; y tampoco las puede entender, porque tienen que discernirse espiritualmente* (1 Co. 2:14). ¿Quién tiene razón, Dawkins o Pablo? ¿Podemos confiar en el testimonio de la Biblia cuando nos habla de Dios o quizás corremos el peligro de volvernos locos? ¿Cómo es posible saber que la Escritura es verdaderamente la Palabra de Dios y no una colección de mitos y fábulas inventadas por los hombres, como creen algunos?

Es evidente que la existencia de Dios no puede ser demostrada racionalmente. Si así fuera no habría ateos. Si se pudiera demostrar a Dios matemáticamente, o mediante razonamientos filosóficos, todo el mundo sería creyente. Pero sabemos que no es así. Entonces, ¿por qué hablar de pruebas o argumentos sobre la existencia de Dios? ¿Qué decir de todos los razonamientos generados a lo largo de la historia para demostrarla? Como las cinco vías de Tomás de Aquino, el argumento teleológico, el ontológico, el cosmológico, el primer motor móvil, etc.

Tales argumentos son útiles para reafirmar la fe del creyente, para expresar ciertas intuiciones fundamentales, pero no pueden ser considerados como "pruebas irrefutables" de la realidad de Dios. La ciencia humana no puede demostrar o negar a Dios. Con la divinidad

---

1. Dawkins, R., *El espejismo de Dios*, 2014. Espasa, Barcelona, p. 28.

no es posible formular hipótesis, hacer cálculos de probabilidades o elaborar teoremas. La existencia de Dios es presupuesta, más bien, por todos los fenómenos que se dan en el universo.

Los cristianos creemos que si no existiera Dios, no habría nada de nada. Ni leyes físicas que regulan el funcionamiento del cosmos, ni fenómenos naturales que permiten la vida, ni científicos que investigan, ni filósofos que piensan, ni posibilidad de razonar y conocer. Ahora bien, si la ciencia no puede decir nada sobre Dios, ¿por qué existe esa intuición universal en el ser humano que le lleva a pensar que debe haber una mente inteligente que lo ha planificado todo?

El método científico no puede experimentar con Dios, pero esto no significa que la ciencia no pueda proporcionar evidencias, que pueden ser interpretadas, a favor de la posibilidad de la existencia de Dios. El razonamiento filosófico -aparte de la ciencia- sí puede trabajar con la idea de un creador trascendente y mostrar realidades del universo que solo pueden ser explicadas si existe una mente inteligente que las ha diseñado.

Ahora bien, ¿es posible convencer a quien no quiere creer? ¿Qué autoridad tiene la Biblia para un escéptico? Pienso que no es conveniente emplear la Escritura para discutir con los no creyentes puesto que estos, al no aceptar su inspiración divina, no consideran que tenga ninguna autoridad. Decir, por ejemplo, que el Antiguo Testamento profetiza correctamente sobre la vida de Jesucristo, no le sirve de mucho a una persona que considera los libros del Antiguo Testamento como una colección de leyendas inventadas por los judíos. La Biblia es útil cuando ya se acepta que es Palabra de Dios.

Pues bien, teniendo esto en cuenta, ¿cómo podemos argumentar a favor de Dios desde la razón humana, que es lo único que muchos reconocen hoy? El apóstol Pablo dice en Romanos 1:20: *Porque las cosas invisibles de él, (Dios) su eterno poder y deidad, se hacen claramente visibles desde la creación del mundo, siendo entendidas por medio de las cosas hechas, de modo que no tienen excusa.* Veamos algunas de estas "cosas hechas", a que se refería el apóstol Pablo, que nos permiten visualizar las huellas del Dios creador.

Hay, por lo menos, cinco "cosas hechas" o características humanas y naturales que solo pueden ser explicadas si Dios existe. Se trata de la racionalidad del mundo, la vida, la conciencia humana, el pensamiento simbólico y nuestro propio "yo". A todas ellas se les ha intentado dar una explicación desde la pura materialidad, sin embargo, nunca se ha aportado una solución satisfactoria y concluyente. En último término, se acaba apelando siempre a aquello que se pretende rechazar del teísmo. Es decir, a la fe.

A veces se asume, por ejemplo, la eternidad de la materia, de la energía o de las leyes que rigen el universo, el azar como causa creadora de toda la realidad, misteriosas leyes de auto-organización desde la materia inorgánica a la vida, una inexplicable panspermia extraterrestre, la enigmática complejidad de las neuronas cerebrales, etc. Pero para aceptar cada una de tales sugerencias naturalistas hacen falta también grandes dosis de fe.

Empecemos por analizar brevemente la primera cosa hecha, según el sentido que le da el apóstol Pablo. ¿Qué es la *racionalidad*? Pues, aquello que es razonable. El universo está dotado de razón. El mundo está hecho con racionalidad, por eso podemos estudiarlo, analizarlo y comprenderlo. Ahora bien, solo puede haber racionalidad en el cosmos si ésta se basa en una racionalidad última. Es decir, en una mente inteligente que lo ha hecho con sabiduría.

¿Cómo se hace evidente en el mundo esta mente inteligente que llamamos Dios? Mediante cosas tan extraordinarias como nuestra capacidad de conocer y poder explicar las verdades. Mediante la relación que hay entre el funcionamiento de la naturaleza y nuestra manera abstracta de explicarnos tal actividad (incluso, a veces, por medio del lenguaje matemático). Las leyes naturales pueden ser expresadas en números.

El papel de los códigos, de los sistemas de símbolos que actúan en el mundo físico, como el código genético, capaz de convertir la información de los tripletes del ADN en aminoácidos para elaborar proteínas; el código neuronal, que transforma los estímulos lumínicos, acústicos, olorosos o táctiles en pulsos eléctricos o potenciales de acción que viajan por las fibras nerviosas hasta ser interpretados en el cerebro; el código de las histonas, que activan o desactivan genes, etc. Todo esto no refleja caos sino orden. Pero, ¿por qué debería ser así? Se trata de la manifestación de la racionalidad que lo empapa todo y está en el origen de todo.

¿Es lógico creer que esta racionalidad sea el producto de la casualidad o el azar? Desde luego que no. La existencia de tal racionalidad no puede ser explicada si no existe una mente infinita racional que sea el origen de la realidad. El universo es racional y refleja el orden de la mente suprema que lo gobierna. La evidencia de la racionalidad no se puede eludir apelando a la selección natural, como hacen los nuevos ateos. Porque, aún admitiendo que la selección natural fuera la causa de todos los seres vivos como propone la teoría de la evolución, este mecanismo físico presupone la existencia de organismos que interactúan según leyes determinadas y con arreglo a un código genético que posee mucha información. Hablar de selección natural es asumir que existe alguna lógica en lo que ocurre en la naturaleza, que hay racionalidad en la adaptación de las especies, y que nosotros somos capaces de entender esa lógica y esa racionalidad.

Pero decir que la sola evolución ciega, por medio de la selección natural no inteligente, convirtió la materia muerta o inerte en seres humanos es como afirmar que una roca después de miles de millones de años será capaz de adquirir conciencia y reflexionar acerca de ella misma. ¡Esto es algo absolutamente inconcebible! Sin embargo, la posición atea es que en algún momento de la historia del universo, lo imposible ocurrió por casualidad y sin la intervención de ninguna inteligencia superior. Semejante convicción supone un grandísimo acto de fe en las posibilidades de la naturaleza impersonal. Ahora bien, si en definitiva se trata de tener fe, ¿no resulta más coherente creer que Dios es la racionalidad última que subyace en cada dimensión del mundo y de los seres vivos?

La *vida* es la segunda "cosa hecha" que solo puede ser explicada si existe un ser trascendente. Los organismos vivos de la Tierra y el propio ser humano se caracterizan sobre todo por cuatro cosas: 1) son agentes que actúan y que sus acciones dependen de ellos mismos. Ningún león, por ejemplo, necesita el permiso de nadie para cazar a una determinada cebra; 2) las acciones de los seres vivos suelen estar orientadas hacia fines concretos, como alimentarse, sobrevivir, aparearse, etc.; 3) pueden reproducirse y dejar descendientes semejantes a ellos mismos. El misterio de la reproducción es una realidad habitual en ellos y 4) su existencia depende de ciertos códigos, reglas, leyes, energía, materia, lenguajes, información, control, etc. De manera que poseen en las células de su cuerpo la información inteligente que les permite vivir como lo hacen.

Richard Dawkins, es el único representante del Nuevo ateísmo que aborda el asunto del origen de la vida, y reconoce que este tema está todavía por resolver. Sin embargo, cree que la vida surgió por azar en el universo, en un planeta de cada mil millones, de los que la Tierra solo sería uno más. Desde luego, este enfoque de Dawkins es manifiestamente inadecuado porque se parece más a un ejercicio de superstición que a un razonamiento científico. Según su pretensión, cualquier cosa que deseemos puede existir en algún sitio, con tal que invoquemos lo que él denomina "la magia de los números". Si se dispone de tiempo, lo imposible puede suceder. Obviamente este argumento no es científico y no nos puede convencer porque si una cosa es imposible (como la aparición de la vida por azar), seguirá siendo imposible por muchos miles de años o de planetas que se le añadan.

El tercer fenómeno que no puede ser explicado sin Dios es la *conciencia*. Los seres humanos somos conscientes y, además, somos conscientes de que somos conscientes. Nadie puede negar esta realidad, aunque algunos lo intenten. El filósofo ateo Daniel Dennett dice que ser conscientes es una cuestión que carece de interés y que no debería preocuparnos ya que no se puede resolver. Según su opinión, las máquinas llegarán también algún día a ser conscientes porque nosotros mismos solo seríamos máquinas conscientes con neuronas.

El problema es que cuando observamos la naturaleza de las neuronas, vemos que no tienen ningún parecido con nuestra vida consciente. Las propiedades físicas de estas células nerviosas no ofrecen ninguna razón para creer que sean capaces de producir conciencia. Es verdad que la conciencia está asociada a ciertas regiones del cerebro, pero cuando las mismas neuronas están presentes en la médula espinal (o en el tronco encefálico), no hay ninguna producción de conciencia. Solo una fe ciega e infundada en la materia permite creer que ciertos trozos de ella pueden "crear" una nueva realidad, la conciencia, que no tiene el menor parecido con la materia.

Los ordenadores, o las computadoras, pueden resolver problemas pero no saben lo que están haciendo. No son "conscientes" de lo que resuelven. Esta es la diferencia fundamental entre las máquinas y las personas. Decir que una computadora entiende aquello que está haciendo es como decir que un equipo de audio (un reproductor de CD's o un MP3) comprende y disfruta la música que hace sonar. Sin embargo, los seres humanos somos conscientes de lo que hacemos y de por qué lo hacemos. La mayor parte de los teóricos del

Nuevo ateísmo reconoce que no poseen una explicación satisfactoria para el problema de la conciencia.

El cuarto fenómeno inexplicable sin un creador es el *pensamiento simbólico*. Más allá de la conciencia, se encuentra el fenómeno del pensamiento, de la comprensión, de la captación de significado. Detrás de nuestros pensamientos, de nuestra capacidad de comunicarnos o de nuestro uso del lenguaje hay un poder milagroso. Es el poder de darnos cuenta de las diferencias y de las semejanzas; el poder de generalizar y universalizar. Es decir, eso que los filósofos llaman elaborar conceptos universales.

Por ejemplo, yo sé en qué consiste ese sentimiento concreto que siento hacia mi esposa o hacia mis hijas y nietos, (amor conyugal o paternal), pero también puedo pensar en el concepto de amor en abstracto, sin relacionarlo con ninguna persona concreta. Y esto es algo connatural a los seres humanos, pero también es desconcertante.

¿Cómo es que desde niños somos capaces de pensar en el color rojo, por ejemplo, sin necesidad de pensar en una cosa roja concreta? El color rojo no existe por sí mismo, independientemente de los objetos rojos. Estamos empleando continuamente el pensamiento abstracto sin darnos cuenta. Pensamos cosas que no son físicas, como la idea de libertad, de verdad, de perdón o de misericordia de Dios y no le damos importancia. Pero esta capacidad humana de pensar por medio de conceptos abstractos, es algo que trasciende la materia, que supera con creces sus posibilidades.

Podría decirse que nuestras neuronas, o nuestro propio cerebro, no entienden nada y que somos nosotros en realidad quienes entendemos. Es nuestra "conciencia" quien comprende, no nuestras neuronas. ¿Por qué las neuronas de la médula espinal no generan conciencia? El acto de comprender es un proceso físico en su ejecución (porque depende de las neuronas del cerebro), pero espiritual en su esencia. Y este acto es indivisible en la persona humana. No se puede descomponer en partes para explicarlo o analizarlo científicamente.

Y, por último, estaría el *"yo"* humano (o el centro de la conciencia). Una vez que se admite la existencia del "yo" personal nos encontramos ante el mayor de los misterios. Yo soy, yo pienso, yo percibo, yo deseo, yo actúo..., pero, ¿quién es este yo? ¿Dónde está? ¿Cómo llegó a existir? Nuestro "yo" no es algo solamente físico. No somos solo un cuerpo, pero tampoco somos algo solo espiritual. ¿Qué somos entonces? Un "yo" encarnado, un cuerpo con alma.

Yo no estoy en una célula específica de mi cerebro, de mi corazón o en alguna otra parte de mi cuerpo. Ninguna de mis neuronas tiene la propiedad de ser mi "yo". Mis células están cambiando continuamente y, a pesar de ello, "yo" sigo siendo el mismo. El científico sueco, Jonas Frisen, cree que la edad media de todas las células de un cuerpo adulto puede ser de entre 7 y 10 años. Por ejemplo, los glóbulos rojos de la sangre solo viven unos 120 días, las células que recubren el estómago y las de la epidermis un par de semanas. Cada tejido tiene su propio tiempo de renovación. Solo las neuronas de la corteza cerebral, y pocas más, parece que duran hasta la muerte. Pero la conciencia no se explica por medio de las neuronas.

Pues bien, aunque nuestro cuerpo cambia cada diez años, nuestro "yo" permanece. Ser persona humana es tener cuerpo y alma. El yo tiene dimensión corporal, anímica y espiritual. Es una unidad psicosomática. La existencia del yo personal del hombre es la realidad más evidente, pero también más inexplicable para la ciencia. No podemos analizar el yo porque no es un estado mental que pueda ser observado o descrito científicamente. El "yo humano" no puede ser explicado en términos físicos o químicos. Se podría decir que la ciencia no descubre el yo, sino que es al revés, es el yo quien descubre la ciencia.

¿Cómo llegaron, pues, a existir la racionalidad, la vida, la conciencia, el pensamiento y el yo? La única forma coherente de describir todos estos fenómenos es reconocer que están por encima de las realidades físicas, a las que la ciencia humana tiene acceso. Aunque el Nuevo ateísmo no se ha enfrentado seriamente al problema del origen de la vida, la conciencia, el pensamiento y el yo, la respuesta es evidente. Lo metafísico (o espiritual) solo puede proceder de una fuente metafísica o espiritual. La vida, la conciencia, la mente y el yo solo pueden tener su origen en lo divino, en lo consciente y pensante.

Es inconcebible que la materia, por sí sola, sea capaz de generar seres que piensan y actúan. Por tanto, desde el nivel de la razón y de nuestra experiencia cotidiana, podemos llegar a la conclusión de que el mundo de los seres vivos, conscientes y pensantes debe tener su origen en una fuente viviente que nosotros consideramos la mente de Dios. Pensamos que no es erradicando la religión como vamos a terminar con el terrorismo fundamentalista, sino como propuso la canciller de Alemania, Ángela Merkel, *"Volviendo a la Iglesia y a la lectura de la Biblia"* (16.11.2015). Conviene recordar que su padre, fallecido en el año 2011, fue pastor protestante de la iglesia luterana y le inculcó estos valores desde la infancia.

Como dijera el apóstol Pablo en su discurso en el Areópago de Atenas (Hch. 17:24-28): *El Dios que hizo el mundo y todas las cosas que en él hay... de una sangre ha hecho todo el linaje de los hombres... para que busquen a Dios, si en alguna manera palpando, puedan hallarle, aunque ciertamente no está lejos de cada uno de nosotros. Porque en él vivimos, y nos movemos, y somos.* Todos los seres humanos tenemos a nuestra disposición, en nuestra experiencia cotidiana, la evidencia necesaria para llegar a creer en Dios. El escepticismo, el deseo de negar su realidad, se debe solo a una resistencia personal y deliberada a la fe.

Sin embargo, a Dios se llega por medio de la creencia según afirma Hebreos 11:6: *Pero sin fe es imposible agradar a Dios; porque es necesario que el que se acerca a Dios crea que le hay, y que es galardonador de los que le buscan.* La Biblia no está interesada en demostrar la existencia de Dios mediante pruebas metódicas o científicas. La existencia del Altísimo se da como evidente, como una creencia natural del ser humano. Porque la fe, aunque pueda apoyarse en los datos de la razón, no surge necesariamente de un proceso demostrativo.

Algunos creyentes piensan que la fe, esa capacidad para creer aquello que está más allá de la razón humana, es un don de la gracia divina. En mi opinión, esto es una mala interpretación de las palabras del apóstol Pablo: *Porque por gracia sois salvos por medio de la fe; y esto no de vosotros, pues es don de Dios; no por obras, para que nadie se gloríe* (Ef. 2:8-9). Aparentemente la fe sería un don de Dios que vendría a justificar al ser humano. Pero entonces, ¿no sería Dios injusto al conceder el don de la fe a unos y negárselo a otros?

El error de tal interpretación tiene que ver sobre todo con el sentido gramatical de la frase. En el griego antiguo cada sustantivo tenía su propio género y había tres géneros diferentes: masculino, femenino y neutro. ¿Cuál es el género de la palabra "fe" que emplea aquí Pablo? Evidentemente el género femenino ya que se habla de "la fe". ¿Cuál es el género de la palabra "esto" que aparece en el versículo 8?

En griego es el género neutro. Lo que significa que la palabra antecedente de "esto" no es "fe" porque si así fuera debería llevar el pronombre femenino para referirse a "la fe". De manera que el término "esto" se está refiriendo en realidad a la "salvación" que es por gracia por medio de la fe. Es la salvación lo que es un regalo de Dios y no la fe.

La salvación del ser humano es algo que éste no puede generar por sí mismo ya que es un don divino. Se trata del plan de Dios para que la humanidad caída pueda salvarse por medio de la gracia divina. Pero dicho plan gratuito se aplica solamente a aquellos que tienen fe en Jesucristo. ¿Quiere esto decir que la fe es una obra meritoria para la salvación? Por supuesto que no. Ya se encarga Pablo de especificarlo: *no por obras, para que nadie se gloríe*. Lo que pasa es que para el apóstol, la fe no se puede considerar nunca como una obra meritoria humana. La "fe" sería lo opuesto a las "obras". La antítesis de las mismas. La fe en Cristo no es ningún mérito personal para alcanzar la salvación.

De manera que, al recibir a Jesucristo mediante la fe personal en su obra redentora, no estamos realizando nada meritorio para ganarnos la vida eterna. Simplemente estamos cediendo a su gracia divina y permitiendo que el plan de Dios actúe en nosotros para justificarnos y salvarnos. Dios habla y aparece. El ser humano escucha y contempla. Dios se acerca al hombre y a la mujer, acuerda un pacto o inicia relaciones especiales con ellos; les da mandamientos y las personas lo reciben cuando se abren a Dios, cuando aceptan su voluntad y obedecen sus preceptos.

La Biblia no presenta jamás a Moisés, ni a ninguno de los profetas o apóstoles en actitud pensante, como si fueran filósofos, elucubrando sobre cómo demostrar la existencia de Dios o llegando a conclusiones filosóficas con respecto a él. Es justamente al revés: el Dios invisible se manifiesta ante ellos, y ellos descubren su don. Pero solo cuando el ser humano deja de resistirse a Dios y le acepta por fe, el don de la salvación puede florecer en su alma.

Este libro está dividido en tres partes, o capítulos, que tratan sobre cuestiones actuales que interpelan la realidad divina. El primero se refiere a preguntas procedentes del ámbito de la cosmología contemporánea y analiza si los modelos científicos que se proponen socavan la necesidad del Dios creador o, por el contrario, la refuerzan.

El segundo, presenta el misterio del origen de la vida así como de la información biológica que la sustenta como inexplicables desde una cosmovisión puramente naturalista. Mientras que el tercero y último, se introduce en el análisis de la conciencia humana para concluir que solo puede proceder de una mente inteligente y consciente, como la del Dios que se revela en las Escrituras.

Antonio Cruz
Terrassa, junio, 2017

CAPÍTULO 1
Dios y el Cosmos

¿Es posible para la ciencia actual proporcionar una descripción adecuada del universo sin necesidad de recurrir a la idea de creación a partir de la nada? ¿Existen hipótesis cosmológicas que hagan innecesario el planteamiento teísta de la creación o, por el contrario, hay indicios en los modelos actuales de la necesidad de un Dios creador? Para muchas personas estas cuestiones carecerían de interés ya que suponen que las ciencias naturales y la teología están tan alejadas entre sí que todo diálogo entre ellas sería poco menos que imposible o absurdo. Desde semejante perspectiva, no suele aceptarse que conceptos como el diseño divino, la creación, la providencia o la propia divinidad sean compatibles o tengan algo que ver con esa otra disciplina científica de la física, conocida como cosmología moderna.

Según tal planteamiento, los teólogos deberían dedicarse exclusivamente a comentar el contenido de la revelación bíblica, mientras que los hombres y mujeres de ciencia tendrían que limitarse a formular teorías sobre el mundo material para contrastarlas experimentalmente. Y así, ciencia y teología serían como líneas paralelas que, como todo el mundo sabe, por mucho que se prolonguen jamás interfieren entre sí. ¿Es este planteamiento segregador adecuado para regular las relaciones entre ciencia y teología? En mi opinión, no solo no lo es sino que -como veremos- tampoco resulta posible desde una lógica equilibrada.

Es fácil constatar, en algunos cosmólogos contemporáneos, cierta tendencia a buscar modelos físicos de la creación a partir de la nada que no requieran de ningún agente sobrenatural. Es decir, una creación sin creador que dependa exclusivamente de procesos físicos naturales. Un universo sin principio, a pesar de la teoría del Big Bang, que se hubiera creado a sí mismo. En este sentido, el famoso físico Stephen Hawking se muestra muy osado al proponer una solución teológica para sus hipótesis cosmológicas. En su obra *Una historia del tiempo* escribe: "En tanto en cuanto el universo tuviera un principio, podríamos suponer que tuvo un creador. Pero si el universo es realmente autocontenido, si no tiene ninguna frontera o borde, no tendría ni principio ni final: simplemente sería. ¿Qué lugar queda, entonces, para un creador?".[1] La verdad es que, si Hawking estuviera en la cierto, a Dios le quedaría poco que hacer en un universo formado por las solas leyes físicas. A excepción quizás de las propias leyes físicas.

En la misma línea, otro cosmólogo de la Universidad de Stanford (California), Andréi Linde, sugiere su "teoría de la inflación eterna", en la que la Gran Explosión no sería más que un episodio de una cadena infinita de grandes explosiones en la que el cosmos se crea y destruye a sí mismo de manera periódica e interminable.[2]

Por su parte, Alexander Vilenkin, de la Universidad Tufts, también en Estados Unidos, propone que el universo pudo nacer mediante un "efecto túnel cuántico desde la nada". Dicha "nada" sería un estado sin el espacio-tiempo clásico en el que todas las nociones básicas de espacio, tiempo, energía, entropía y demás, perderían su sentido actual.[3]

Lee Smolin, otro físico teórico estadounidense dedicado al estudio de la gravedad cuántica, se imagina toda una cadena de universos que evolucionan según una especie de selección natural cosmológica. Nuestro universo sería -en su opinión- como una ciudad que se crea a sí misma pero sin un creador concreto. Solo dependiendo de leyes eternas e impersonales.[4]

Neil Turok, de la Universidad de Cambridge, desarrollando la teoría de cuerdas ofrece un modelo en el que el universo sería el resultado de una majestuosa colisión entre enormes membranas de cuatro dimensiones. Tampoco habría principio ni fin sino solo un infinito ciclo de universos en colisión con otros universos.[5]

Y, en fin, Sir Martin Rees, aboga por la teoría del multiverso en la que el cosmos sería como un átomo seleccionado de entre un conjunto infinito de universos.[6]

1. Hawking, S. W., *Historia del tiempo,* Crítica, 1988, Barcelona, p. 187.
2. http://web.stanford.edu/~alinde/
3. Vilenkin, A., *Birth of Inflationary Universes,* 1983, Phys. Rev. D **27** (12): 2848–2855.
4. Smolin, L. & Mangabeira, R., *The Singular Universe and the Reality of Time: A Proposal in Natural Philosophy,* 2014, Cambridge University Press.
5. http://www.perimeterinstitute.ca/people/neil-turok
6. http://www.ast.cam.ac.uk/~mjr/

A la vista de todas estas hipótesis contemporáneas, ¿está realmente la ciencia a un paso de demostrar que el universo empezó a existir sin causa? ¿Podrán los cosmólogos evidenciar que Dios no existe o, por lo menos, que resulta innecesario para la creación del mundo? Yo creo que estamos ante una importante confusión de términos entre la ciencia y la teología. Tal como señala el teólogo e historiador de la ciencia de la universidad de Oxford, William E. Carroll, la investigación científica solo puede ocuparse del estudio del cambio en los seres naturales, mientras que la creación original no es ningún cambio material y, por tanto, la ciencia no puede decir nada de esta cuestión que es eminentemente teológica.[7]

A pesar de tales especulaciones cosmológicas revestidas de ropaje matemático, es absolutamente imposible para la ciencia física, explicar el acto mismo de la creación, ya que todo lo que dicha disciplina puede describir es la transformación de unos estados materiales o físicos en otros diferentes también físicos, pero no la existencia absoluta del ser a partir del no ser, o de la nada absoluta. Esto es precisamente lo que significa el concepto teológico de creación a partir de la nada (*creatio ex nihilo*).

De manera que ni la física ni la cosmología han logrado, o podrán lograr nunca, un modelo científico capaz de explicar la creación original a partir de la nada o de eliminar la necesidad del creador. No puede haber verdadera creación a partir de la nada, sin Dios. En mi opinión, lo que sí puede aportar la actual cosmología a la teología es una mejor comprensión y defensa de la doctrina bíblica de la *creatio ex nihilo* aunque, desde luego, jamás pueda llegar a demostrarla. Si aceptamos un Dios que está más allá del espacio y el tiempo, no podemos ignorar todo lo que la física contemporánea dice sobre la naturaleza del espacio y el tiempo.

Las ciencias naturales estudian la materia, las leyes del universo, así como las relaciones existentes entre los seres materiales, con el fin de ofrecer "explicaciones". Lo que pasa es que para la auténtica "creación a partir de la nada" no puede haber explicación alguna porque "de la nada no sale nada", según nuestra experiencia habitual. En el mismo instante en que un científico afirma tener una teoría acerca de cómo podría el cosmos haberse originado de la nada,

---

7. Carroll, W. E., *La creación y las ciencias naturales: actualidad de Santo Tomás de Aquino*, 2003, Pontificia Universidad Católica de Chile, Santiago de Chile.

cae inmediatamente en una contradicción lógica inevitable. Decir que "todo" surgió sin causa de la "nada" es una creencia teológica y nunca una verdadera teoría científica. Por tanto, vuelvo a insistir, sin un creador sobrenatural no puede haber *creatio ex nihilo*.

El filósofo y teólogo cristiano, William Lane Craig, sostiene que la cosmología moderna ha intentando por todos los medios elaborar hipótesis que favorezcan la idea de un universo sin principio en el tiempo. No obstante, el fracaso reiterado de tales intentos refuerza más bien todo lo contrario. A saber, que el cosmos material tuvo un origen temporal. Y como todo aquello que comienza a existir tiene una causa, luego también el universo requiere una causa original.[8] En efecto, de la segunda ley física de la termodinámica se desprende que el cosmos se está quedando sin energía utilizable. De manera que, en el supuesto de que fuera eterno, ya habría perdido toda su energía. Luego esta ley apunta claramente hacia un principio temporal.

Por su parte, el matemático, Alexander Friedmann, y el astrónomo, George Lemaitre, trabajando con las ecuaciones de la teoría general de la relatividad de Albert Einstein, predijeron que el universo debería estar expandiéndose en la actualidad. Esto se pudo comprobar experimentalmente en 1929, cuando el astrónomo estadounidense, Edwin Hubble, observó el desplazamiento al rojo de la luz procedente de las galaxias más alejadas. Tales evidencias confirmaron no solo que el universo se estaba expandiendo sino que, si se retrocedía lo suficiente en el tiempo, el cosmos se habría originado a partir de un solo punto en un pasado finito. La idea de creación volvió a introducirse en la ciencia desplazando a la antigua creencia de que el universo había estado siempre ahí.

Recientemente muchos cosmólogos, como Arvin Borde, Alan Guth y Alexander Vilenkin entre otros, han manifestado su opinión de que cualquier universo que se haya estado expandiendo no puede ser eterno en el pasado sino que debe tener un comienzo absoluto.[9] Tal conclusión se aplicaría incluso al multiverso, en el supuesto de que semejante concepción existiera en la realidad. Todo esto viene a corroborar que los físicos teóricos ya no pueden ocultarse de-

8. Craig, W. L., "Naturalismo y cosmología" en *Dios y las cosmologías modernas*, Soler Gil, F. J., 2014, Biblioteca de Autores Cristianos, Madrid, pp. 49-99.

9. http://now.tufts.edu/articles/beginning-was-beginning

trás de la idea de un cosmos eterno en el pasado sino que deben enfrentarse al problema del un origen en el tiempo.

A mi modo de ver, como el universo no se puede causar a sí mismo -por mucho que deseen demostrar lo contrario los amantes de las matemáticas imposibles-, su causa original debe estar más allá del espacio y del tiempo. Tiene que ser una razón trascendente, ilimitada en el espacio, atemporal, inmaterial, incausada y tremendamente poderosa. Es decir, una causa notablemente parecida al Dios de que nos habla la Biblia. De manera que es bastante razonable creer que tal Dios existe y que solo Él pudo crear el cosmos.

Dios o la Ciencia: un falso dilema

Era una mañana soleada como casi todas las demás de aquel mes de abril de 1967. Los jóvenes estudiantes de bachillerato acabábamos de tomar asiento en nuestros correspondientes pupitres, después del habitual barullo que se formaba entre clase y clase. El profesor de literatura de aquel desaparecido instituto *Arrahona* -situado entre las ciudades barcelonesas de Terrassa y Sabadell- caminaba pausadamente por el pasillo, en dirección al aula en la que le esperábamos una treintena de alumnos adolescentes. Con la misma parsimonia de cada día, se sentó en el sillón negro que había sobre la tarima de madera. Dejó sus libros en la mesa y nos miró a todos fijamente hasta que el silencio se apoderó de la estancia. Un suave olor a retama se colaba por las ventanas abiertas de par en par inundándonos los pulmones. Abrió la boca para anunciarnos el tema que explicaría. Según el programa previsto, aquel día tocaba estudiar una obra singular de la literatura universal. Ni más ni menos que la Biblia.

Al oír el título, me dio un vuelco el corazón. A mis quince años, ya estaba bastante familiarizado con dicho libro. Había escudriñado y comentado muchos de sus pasajes en numerosas ocasiones a los jóvenes de la iglesia evangélica Bethel de Terrassa y también en las reuniones de oración. De manera que mis oídos escuchaban, quizás con más atención que nunca, las palabras pronunciadas por el profesor. Todo iba bien hasta que el docente nos dio su opinión personal. Dijo que él pensaba que se trataba de una gran obra de la literatura religiosa antigua pero que no había que entenderla necesariamente como inspirada por Dios ya que contenía numerosos errores. Al escuchar esta frase, noté como si se me encogiera el estómago y aumentara la presión sanguínea. Sensación que fue creciendo a medida que evolucionaba su discurso.

Por fin llegó ese tiempo en el que se nos permitía a los alumnos formular cuestiones. Levanté rápidamente la mano derecha, a la vez que notaba con intensidad los fuertes latidos de mi corazón. Y, después de tragar saliva, solo le hice una breve pregunta: "Profesor, ¿ha leído usted la Biblia?..." No recuerdo que el silencio y la expectación en aquella clase hubieran sido antes tan profundos, como durante los breves segundos que siguieron a mi pregunta. Sentía todos los ojos de mis compañeros clavados en mí. Pero pronto empezaron a dirigirse también hacia el profesor, quien comenzó a enrojecer poco a poco ante aquella inesperada y comprometida situación.

Después de una expectante pausa, seguida por una leve tos nerviosa, dio una respuesta que estoy seguro que nadie se esperaba: "Yo no he leído la Biblia -dijo- pero he leído otros libros que hablan de ella y también tengo amigos que sí la han leído y me la han comentado". Aquellas palabras sembraron un cierto aire de decepción en el ambiente estudiantil. Era la confesión pública de que nuestro profesor de literatura no conocía de primera mano el texto bíblico sino solo a través de la opinión de otros. Por tanto, su concepción de la misma no era personal. Por desgracia, años después he podido comprobar que aquella misma actitud se repite con frecuencia en muchas otras personas. La Biblia ha sido objeto de numerosos prejuicios, críticas y tópicos por parte de quienes, en demasiadas ocasiones, ni siquiera la leyeron.

Han transcurrido casi cincuenta años desde aquella época, marcada en España por la imposición del nacional-catolicismo, pero el ambiente en las aulas de bachillerato y en las universitarias, en relación a la fe cristiana, no ha mejorado ni mucho menos con la democracia, más bien ha empeorado significativamente. Hoy son legión los profesores ateos o agnósticos que aprovechan la preeminencia que les otorga su situación académica para burlarse del teísmo o ridicularizar, siempre que tienen oportunidad, a aquellos alumnos que se manifiestan creyentes y aceptan la Escritura como Palabra de Dios. De ahí que la defensa del cristianismo en el ámbito del pensamiento, la ciencia y la cultura siga siendo en la actualidad una de las prioridades fundamentales para las iglesias. Hoy, quizás más que en otras épocas, los cristianos debemos prepararnos para presentar defensa razonada de nuestra fe. La apologética es una materia necesaria que evoluciona con los tiempos y exige de nosotros un estudio permanente.

En este sentido, una objeción común que suele darse en nuestros días -no solo en ambientes docentes, aunque sobre todo en ellos- es aquella que afirma que como la ciencia es la única fuente de conocimiento verdadero y Dios no puede ser detectado por la misma, por lo tanto, no existe. Si además esto lo dice con aparente seguridad un profesor de biología, filosofía, matemáticas, historia o química, muchos estudiantes suponen que la autoridad que evalúa sus exámenes y les instruye en ciencias debe estar en lo cierto también cuando pontifica acerca de la existencia de Dios.

La situación es como la de aquel joven e inexperto David, con su titubeante fe, que se enfrenta al poderoso Goliat, cuya mente está repleta de un montón de filosofías ateas bien estudiadas. Ante semejante realidad, el temor a quedarse sin argumentos puede apoderarse del muchacho cristiano. Sin embargo, no hay que olvidar el desenlace de aquella historia del Antiguo Testamento. Lo cierto es que no se requiere ninguna licenciatura o doctorado en ciencias para responder adecuadamente a quienes presentan supuestas objeciones a la fe cristiana desde la ciencia. En ocasiones, basta con un simple argumento lanzado con precisión.

La primera frase de esta objeción: "la ciencia es la única fuente de conocimiento verdadero" es sencillamente una premisa filosófica naturalista que solo puede aceptarse por fe y no es de ninguna manera una conclusión científica verificable. La ciencia no puede comprobar si ella es o no la única fuente del conocimiento verdadero. Para poder demostrarlo sería necesario conocer exhaustivamente toda la realidad, y después ver si el método científico es capaz de explicar completamente dicha realidad. El problema es que semejante proeza intelectual resulta imposible en la práctica para el ser humano, por la sencilla razón de que es muchísimo más lo que desconocemos que aquello que sabemos.

El naturalismo considera que toda la realidad se puede reducir, en última instancia, a principios científicos. El universo y sus fenómenos naturales así como las emociones humanas e incluso las experiencias espirituales, todo, absolutamente todo, sería reducible a procesos exclusivamente materiales o naturales y, por tanto, verificables por la metodología de la ciencia humana. Pero semejante consideración, insistimos, debe ser aceptada por fe y no por demostración alguna.

La otra posibilidad, aquella que asume -desde luego también por fe- que no todo lo existente puede ser explicado por la ciencia, es la que defiende el teísmo y, en general, casi todas las religiones. De manera que ambas proposiciones sobre la realidad, tanto la del naturalismo como la del teísmo, requieren necesariamente de la fe y no pueden ser verificadas mediante la evidencia. Por tanto, el supuesto dilema de Dios o la ciencia se desvanece por completo.

No obstante, la cosmovisión naturalista que estudia el mundo suponiendo que Dios no existe se enfrenta a una seria dificultad. Se queda sin justificación racional para la tarea científica. En efecto, si la única inteligencia del universo fuera la humana, originada al azar mediante la evolución biológica tal como supone el materialismo, ¿qué motivación tendríamos para hacer ciencia o buscar la verdad? Se podría decir que el conocimiento es más valioso que la ignorancia porque facilita la supervivencia. Conocer bien el medio ambiente supone incrementar las posibilidades de subsistencia.

Ahora bien, esta respuesta solo explicaría una pequeña parte del conocimiento humano, pero ¿qué valor puede tener para la supervivencia de la especie conocer los detalles abstractos de la teoría física del espacio-tiempo, la naturaleza de la materia oscura del universo, la sistemática de determinados géneros de insectos o la distancia que hay entre Saturno y Neptuno? Estos datos pueden ser muy valiosos para los científicos pero, desde luego, aportan poca información para garantizar nuestra supervivencia desde el punto de vista evolutivo.

Sin embargo, desde la perspectiva del teísmo, que asume la existencia del un ser sobrenatural, sí existe una justificación racional para la ciencia. La verdad se convierte entonces en un valor intrínseco que hay que descubrir, con independencia de la utilidad que pueda tener para nosotros. Creemos que el conocimiento es mucho mejor que la ignorancia porque la verdad es superior a la mentira, de la misma manera que la luz es mejor que la oscuridad. Y esta convicción innata en ser humano, no se desprende de ningún principio científico sino de esa tendencia espiritual hacia la verdad que posee el alma humana.

La ciencia por sí misma es incapaz de ofrecer una justificación de por qué debe ser realizada. Es más bien la valoración previa de la verdad y el conocimiento lo que motiva la tarea científica. De manera que es la convicción de la existencia de Dios la que ofrece una explicación satisfactoria acerca de por qué es relevante conocer la verdad.

Si solo somos el producto de fuerzas ciegas que nos han hecho evolucionar a partir de organismos más simples, entonces nuestras capacidades cognitivas, nuestra mente y racionalidad, habrían evolucionado también desde facultades cognitivas inferiores. Si Dios no existe y, por tanto, no ha intervenido en nuestro origen, resulta que los únicos factores a tener en cuenta serían la casualidad y el tiempo. ¿Por qué deberíamos creer entonces que nuestras mentes son racionales? ¿Qué base tenemos para aceptar como válidas nuestras conclusiones científicas? ¿Cómo podemos estar seguros de conocer la verdad mejor de lo que la conoce un gorila? Es más, si nuestro conocimiento solo se diferencia del de los primates por el tiempo y el azar de las mutaciones, ¿cómo podemos saber que realmente hemos evolucionado?

Todo esto nos lleva a la conclusión de que nuestra comprensión del cosmos no puede explicarse en términos evolucionistas ateos. Si el origen de la conciencia humana estuviera exclusivamente en el mundo material, sería imposible entender dicho mundo. El materialismo naturalista es incapaz de explicar la singularidad racional del ser humano. La ciencia y el pensamiento son posibles precisamente porque aquellas cosas que no puede ser probadas por la propia ciencia existen realmente. Solo si las personas somos el producto de una mente inteligente y omnipotente, como la del Dios de la Biblia, estamos cualificadas para distinguir lo verdadero de lo falso y, por tanto, para hacer ciencia. Podemos decir que Dios no ha sido sustituido por la ciencia moderna, y que nunca lo será, porque Él es precisamente quien la hace posible.

El comienzo del tiempo

La idea de que tanto el universo como el tiempo tuvieron un principio no gozó de una aceptación mayoritaria en el mundo antiguo. El gran filósofo griego Aristóteles (384-322 a.C.), por ejemplo, enseñaba que el cosmos era eterno. Y dado el enorme prestigio intelectual de sus ideas, que ejercieron una gran influencia sobre la historia de Occidente durante más de dos milenios, la doctrina de la creación a partir de la nada que predicaban los cristianos fue rechazada por el mundo pagano durante los primeros cinco siglos del cristianismo.

Uno de los pensadores creyentes que profundizó en la idea del origen del tiempo fue Agustín de Hipona (354-430 d.C.). Hasta entonces toda la cristiandad aceptaba que Dios había creado el mundo al principio, en un tiempo concreto. Sin embargo, él sugirió que no solo el universo sino también el propio tiempo fueron creados por el Sumo Hacedor. Esta idea, absolutamente revolucionaria para el siglo V, suponía acentuar que Dios estaba fuera del espacio material del mundo y también fuera del tiempo de los mortales. El creador era inmaterial y atemporal.

La tensión entre el concepto aristotélico de eternidad y el cristiano de temporalidad del mundo se manifestará también ocho siglos después en otro gran teólogo del siglo XIII: Tomás de Aquino (1224-1274 d.C.). Él supo distinguir sutilmente entre el *origen* del universo y el *comienzo* del universo. Por origen entiende el milagro de la creación. Es decir, la fuente de la existencia de todas las cosas que no puede ser otra que Dios mismo. Así, cielos y tierra tienen su origen en el creador supremo. Mientras que el comienzo se lo reserva para un suceso temporal como puede ser el inicio del propio tiempo.

Semejante distinción entre origen y comienzo le permitirá conjeturar que incluso aunque Aristóteles tuviera razón y el mundo fuera eterno, Dios seguiría siendo el origen del mismo. El historiador de la ciencia de la Universidad de Oxford, William E. Carroll, lo expresa así: "Tomás de Aquino no veía ninguna contradicción en la noción de un universo eternamente creado. Porque, incluso si el universo no tuviera un comienzo temporal, seguiría dependiendo de Dios para su mera existencia. Lo que quiere decir "creación" es la radical dependencia de Dios como causa del ser."[10]

A pesar de tales razonamientos filosóficos, Tomás de Aquino no creía que el universo fuera eterno sino que tuvo un principio temporal, tal como enseña la Escritura. Este argumento medieval sigue teniendo profundas implicaciones para las diversas propuestas de la cosmología contemporánea ya que ninguna teoría podrá jamás desbancar al creador del ser.

---

10. Carroll, W. E., 2014, "Tomás de Aquino, creación y cosmología contemporánea", p. 13, en Soler Gil, F., *Dios y las cosmologías modernas*, BAC, Madrid.

Con el paso de los años, volverían a predominar las ideas de Aristóteles sobre las de Agustín de Hipona y Tomás de Aquino. La revolución científica del renacimiento priorizó la eternidad del universo a la vez que ridiculizó la idea de creación, considerándola como no científica. Se le concedió así más importancia al pensamiento aristotélico que al cristiano. Esto hizo que la teología se distanciara tanto de la ciencia medieval como de la moderna. Todavía en el siglo XIX y principios del XX, encontramos obras que exaltan la eternidad del universo como si se tratase de una idea perfectamente establecida por la ciencia.

En este sentido, cabe citar el libro *El desarrollo de los mundos* (1906), del premio Nobel de química en 1903, Svante August Arrhenius (1859-1927), en el que se defiende que el cosmos es infinito, sin principio ni fin y capaz de autoperpetuarse.[11] Hay que tener en cuenta que en aquella época predominaba en física el principio de que "la energía ni se crea ni se destruye, solo se transforma". Se creía que en el universo podía haber movimientos internos de materia y energía, pero su creación o desintegración no eran posibles. Estas ideas cambiaron hacia el final de la Primera Guerra Mundial, sobre todo con el nacimiento de la teoría del Big Bang. Si actualmente no se genera ni destruye energía en el universo -según el principio de indestructibilidad de la energía- es evidente que en el origen, durante la Gran Explosión, tuvo que crearse toda la energía y materia del cosmos.

A partir de esa época, la ciencia empezó a acumular pruebas que indicaban que el mundo no era eterno. Durante los treinta primeros años del siglo XX, se descubrió que el universo era mayor de lo que se pensaba, que había muchas más galaxias y que éstas no eran estáticas sino que se movían. El cosmos se estaba expandiendo como un globo que se inflara. Luego, si semejante movimiento estelar se invertía, podría retrocederse hasta el preciso momento de la creación. Esto parecía indicar que el universo tuvo un principio y que, después de todo, Aristóteles, así como quienes le siguieron, estaban equivocados.

Por supuesto, tales descubrimientos no gustaron a muchos por sus evidentes implicaciones religiosas. Uno de los detractores más famosos fue el astrofísico británico, Fred Hoyle, quien en una emisión de la BBC en 1949 se refirió por primera vez a la teoría de la

---

11. McGrath, A., *La ciencia desde la fe*, 2016, Espasa, Barcelona, p. 101.

expansión del universo, con el término despectivo de "Big Bang", sin saber que con semejante expresión irónica estaba dándole el nombre definitivo con el que la conocería después todo el mundo. Por su parte, Hoyle propuso la "teoría del universo estacionario", que pretendía anular a la de la Gran Explosión, asegurando que el mundo no había tenido un origen, ni tendría un final. Pretendía explicar el alejamiento de las galaxias suponiendo que se creaba materia continuamente entre ellas, dando lugar así a nuevas galaxias que ocupaban el espacio que quedaba vacío durante la expansión. No obstante, la puntilla definitiva a esta teoría del universo estacionario la aportó el descubrimiento realizado en 1964 del fondo cósmico de microondas, que se considera hasta hoy como una reliquia cósmica o evidencia del Big Bang.

De manera que actualmente la mayor parte de los cosmólogos considera que el universo se originó hace aproximadamente unos 13.800 millones años, que es lo que supuestamente habría tardado la luz en viajar a la Tierra desde las galaxias más alejadas que se conocen. A este suceso inicial se le denomina "singularidad" y, como su nombre indica, fue único e irrepetible por lo que no puede ser estudiado por el método científico. Por supuesto, caben las especulaciones físicas y matemáticas pero admitiendo que siempre serán solo eso, elucubraciones indemostrables. A pesar de lo que puedan decir los nuevos ateos, e incluso reconociendo que la teoría de la Gran Explosión no es la demostración definitiva de la creación bíblica, es evidente que dicho planteamiento encaja bastante bien con el relato cristiano de la creación a partir de la nada.

La cosmología moderna ha dado un giro de 180 grados, pasando de afirmar que el universo era eterno a decir todo lo contrario, que tuvo un principio en el tiempo. Esto no significa que no haya todavía cosmólogos disgustados con la idea de creación que siguen buscando alternativas para apoyar la pretendida eternidad del mundo -léase Hawking, Mlodinow, Linde, Smolin, Turok, etc.-, sin embargo, a pesar de tales intentos, hoy por hoy, en cosmología predomina el concepto de singularidad inicial. El cosmos empezó a existir en un momento determinado y con él surgió también el tiempo. Lo que se creó fue el espacio-tiempo a partir de la nada.

El cristianismo afirma también que Dios creó tanto el tiempo como el espacio, a partir de una nada en la que no existía ni lo uno ni lo otro. El creador está más allá de ambas realidades. Decimos que las trasciende. Por eso cuando hablamos del cielo, en realidad lo que queremos expresar es precisamente eso. Un ámbito intemporal que trasciende este mundo espacio-temporal. Como escribió C. S. Lewis en los años 40 del pasado siglo: "Dios no tiene historia. Es demasiado definitivamente y totalmente real para tenerla. Puesto que, naturalmente, tener una historia significa perder parte de tu realidad (porque ésta ya se ha deslizado en el pasado) y no tener todavía otra parte (porque aún sigue en el futuro), de hecho, no tienes más que el mínimo presente, que ha desaparecido antes de que puedas hablar de él. Dios no permita que podamos creer que Dios es así. Incluso nosotros podemos esperar que no siempre se nos racione de esa manera."[12] En efecto, la esperanza de todo cristiano es que cuando nuestro tiempo se acabe y dejemos de tener historia, entraremos definitivamente en la gloriosa intemporalidad de Dios.

Dios y el ajuste fino del universo

Contra la evidencia de que el universo está finamente ajustado para que pueda darse en él la vida, según viene proponiendo el principio antrópico desde mediados del pasado siglo XX, en ocasiones se sugiere -sobre todo por parte de quienes no aceptan la existencia de Dios- que ni las leyes físicas, ni el cosmos están meticulosamente ajustados para la vida porque, ni las unas ni lo otro, son ajustables a la carta. Por tanto, del hecho de que el mundo es como es, y de que tampoco sabemos nada de otros posibles universos con los que se pudiera comparar, no resultaría posible deducir la existencia de un Dios creador.

En este sentido, el físico y filósofo español, Martín López Corredoira, investigador del Instituto de Astrofísica de Canarias, escribe: "¿Son las constantes de la física ajustables a la carta? ¿Es la constante de gravitación una variable que se ajusta al principio de la creación a conveniencia? ¿O la carga del electrón? ¿O la constante de Planck? Pues nada sabemos de estas cuestiones. En este caso, ¿no es mejor callarse que hablar de la baja probabilidad de que una constante de la física valga lo que valga? (…) Ello le sirve a muchos para pensar que hay un ser inteligente detrás de todo esto. (…) No podemos entender muchas cosas, pero a falta de pan buenas son tortas, así que

---

12. Lewis, C. S., *Mero Cristianismo*, 1995, Rialp, Madrid, pp. 181-182.

lo que no entendemos directamente lo atribuimos a una estructura pensante y voluntariosa que suponemos actúa por unas razones. Ésta puede ser la raíz o una de las raíces del pensamiento animista (...) y por ende de todas las religiones."[13]

Me parece que esta propuesta de callarse es frustrante o, por lo menos, insatisfactoria. No satisface la curiosidad natural humana, no fomenta la creatividad ni el espíritu científico. No posibilita la teología natural, ni tampoco la propia física. Semejante respuesta nihilista no permite la reflexión acerca de las preguntas que verdaderamente valen la pena. Cuestiones que estimularían la comprensión profunda de la naturaleza y de nosotros mismos. Por todo ello, creo que no es conveniente callarse sino que debemos hacer el esfuerzo intelectual por hablar y buscar respuestas razonables.

Si se parte del hecho de que las teorías físicas, en la práctica, no se distinguen de otras clases de modelos matemáticos que no suelen darse en la naturaleza, no parece razonable descartar la cuestión de por qué se materializan unas clases de modelos, y no otras. López Corredoira cree que esta pregunta no es legítima, pero, ¿por qué no habría de serlo? Las matemáticas permiten construir muchos modelos abstractos -que no se dan en el mundo real- y esto hace posible considerar teorías físicas que son lógicas aunque no se den en el universo observable.

Sin embargo, negar de entrada la posibilidad de comparar distintos modelos teóricos con el que evidencia el universo real, y señalar cuál de ellos puede resultar más elegante o inteligente, no parece una postura razonable sino, más bien, una arbitrariedad que pudiera querer obviar determinadas conclusiones lógicas. A saber, que la vida existe porque al principio se dio un ajuste fino en las leyes físicas del cosmos. Decir que, como hay mucha incertidumbre en este tema, lo mejor es no hablar del mismo, no parece una respuesta muy convincente. A mi modo de ver, tal conclusión se parece al comportamiento de los pulpos cuando se sienten amenazados. Lanzan una nube de tinta oscura para ocultarse y despistar así al posible depredador.

La masa del neutrón, por ejemplo, vale exactamente 938 megaelectronvoltios (MeV). Pues bien, es sabido que si valiera por ejemplo,

13. Soler Gil, F. y López Corredoira, M., ¿Dios o la materia?, 2008, Áltera, Barcelona, pp. 39-40.

939,4 MeV -aunque todas las demás constantes del cosmos fueran idénticas a las que conocemos- no podrían existir las estrellas, ni tampoco la vida en la Tierra. En un universo formado por casualidad -como el que suponen ciertos cosmólogos ateos- ¿por qué tendría que valer la masa del neutrón esta precisa cantidad y no cualquier otra? Es más, ¿por qué debería ser ilegítimo formularse dicha pregunta? En nuestra opinión, desde luego, no lo es sino que, por el contrario, resulta válida y razonable.

No obstante, afirmar que la causa del universo fue solamente el azar es equivalente a no decir nada. Es como encogerse de hombros. Desde luego ésta es una postura materialista legítima pero que, en la perspectiva racional, resulta bastante débil cuando se la compara con la alternativa teísta. No hay nada, desde el sentido común, que apoye la idea de que todo lo existente surgió de repente desde la nada absoluta sin causa previa.

Sin embargo, en la concepción clásica que acepta la existencia de un Dios creador, el ajuste fino del universo no solo resulta previsible, sino también necesario para que pudiera darse la existencia en la Tierra de seres vivos y, sobre todo, de humanos hechos a su imagen y semejanza que fueran capaces de relacionarse con Él. Desde tal perspectiva, no habría sido la casualidad sino Dios quien habría escogido las mejores constantes físicas de entre todas las posibles y las habría ajustado con meticulosa precisión para que permitieran la vida inteligente. Esto es precisamente lo que afirma la teología bíblica y lo que, en mi opinión, resulta más verosímil que la idea naturalista de que fuimos los afortunados en una supuesta lotería cósmica.

A veces, entre las posibles causas del ajuste fino de las constantes universales se propone también la necesidad. Es decir, la idea de que "tenía que ser así y no podía ser de otra manera". Si se supone que el universo posee la única física posible, entonces es evidente que carece de sentido hablar de lo poco probable de un cosmos favorable a la vida de entre todos los posibles. No obstante, semejante explicación no parece de entrada demasiado creíble. La suposición de que, entre todas las posibilidades lógicas de universos imaginables, únicamente fuera posible la que coincide precisamente con el mundo real sigue resultando bastante increíble. Incluso admitiendo tal supuesto, tampoco se elimina el problema del ajuste fino. Lo único que se hace es trasladar el enigma de dicho ajuste fino desde las posibilidades reales a las posibilidades lógicas. Y, desde luego, esto no supone un gran avance en la comprensión del origen físico del cosmos.

Lo mismo puede decirse de otros intentos de explicación del ajuste fino, como que las constantes físicas actuales poseían una elevada probabilidad de adoptar el valor que adoptaron; que todos los posibles valores se dan en los diferentes universos del multiverso o, en fin, que existe una hipotética selección natural cosmológica en la que solo sobreviven los universos que poseen las constantes adecuadas. Ninguna de tales "explicaciones" resuelve el problema del ajuste fino sino que solo lo desplaza. Además, ¿qué diferencia habría entre tales soluciones y el auténtico milagro, cuando se postula que cualquier cosa que pudiera imaginarse ocurre en algún posible universo distinto al nuestro?

En definitiva, este asunto queda reducido a las dos opciones que apuntamos: o nos encojemos de hombros y aceptamos que no hay explicación lógica, como hace López Corredoira y en general el materialismo naturalista o, por el contrario, aceptamos el marco teísta que apela a un Dios creador, tal como afirma la Escritura bíblica. Desde esta segunda posibilidad, el ajuste fino que permite la vida no resulta sorprendente sino que es lo que cabría esperar de un creador inteligente, omnipotente y misericordioso que desea relacionarse con el ser humano.

Parece bueno que existan seres racionales capaces de decidir entre lo bueno y lo malo; de actuar libremente con responsabilidad y en libertad e incluso que pudieran ser capaces de llegar a tener una relación personal con el Dios que los ha creado. Si tal divinidad ha diseñado el universo, no es irrazonable que haya ajustado finamente sus parámetros físicos para posibilitar y albergar la vida de las criaturas. Esto es precisamente lo que se desprende de la cosmovisión bíblica.

¿Es Dios la gravedad?

El conocido físico teórico Stephen Hawking y el físico Leonard Mlodinow publicaron en 2010 un libro de divulgación científica titulado, *El gran diseño.* Cuando se lee la primera página del prólogo, uno se topa de entrada con la siguiente pregunta: "¿Necesitó el universo un creador?" Al formularse semejante cuestión, nos da la impresión de que nuestros científicos no tuvieran bastante con la disciplina de la física -que es su especialidad- sino que quisieran además adentrarse en otros territorios ajenos a los suyos propios, como pudieran ser los de la filosofía e incluso la teología.

Pareciera que la ciencia, desde su particular punto de vista, poseyera también la última palabra en cuestiones trascendentes. Y la curiosa respuesta que ofrecen a esta pregunta eterna, que puede leerse en la última página de su texto, confirma nuestros temores: "Como hay una ley como la de la gravedad, -afirman- el universo puede ser y será creado de la nada (…). La creación espontánea es la razón por la cual existe el universo. No hace falta invocar a Dios para encender las ecuaciones y poner el universo en marcha. Por eso hay algo en lugar de nada, por eso existimos."[14] De manera que, según su opinión, todos hemos estado equivocados durante miles de años al hablar de Dios. En su lugar, deberíamos habernos referido a la omnipotente "ley de la gravedad" que es la que supuestamente lo habría creado todo de forma natural.

Y, ¿por qué la gravedad? ¿Qué tiene de particular esta ley de la atracción física, culpable entre otras cosas -según se dice- de que una manzana golpeara a Newton en la cabeza cuando meditaba plácidamente? No sé si sabré explicarlo de manera adecuada, pero vamos a intentarlo. Una cosa es la atracción gravitatoria que existe entre las grandes estructuras del universo, como estrellas, planetas y galaxias, que viene bien definida por la teoría de la relatividad general, y otra diferente, aquella que se da en la minúscula escala de las partículas cuánticas de la materia (estudiada por la mecánica cuántica). El problema más profundo que tiene planteado actualmente la física teórica es cómo armonizar la primera gravedad con la segunda. Cómo unificar la relatividad general con la mecánica cuántica en una sola base matemática que describa el comportamiento de todas las fuerzas de la naturaleza. Tal sería la anhelada teoría del campo unificado que todavía se está buscando.

Volviendo ahora al tema que nos ocupa, se puede decir que el modelo cosmológico de la gravedad cuántica -propuesto en parte por Hawking- es en realidad una especie de ejercicio de cosmología metafísica que pretende eludir la singularidad inicial de la Gran Explosión y, con ello, eliminar el instante en el que Dios creó el universo. A menudo, suele representarse esta teoría del Big Bang mediante

14. Hawking, S. W. & Mlodinow, L., *El gran diseño*, Crítica, 2010, Barcelona, p. 203.

el dibujo de un cono (o un cucurucho de helado), en el que el momento de la creación del universo coincidiría con el punto de abajo (por donde casi siempre acaba goteando), mientras que el círculo superior sería la expansión en el tiempo presente (lo primero que se mordisquea del cucurucho).

Pues bien, en el llamado "modelo de la gravedad cuántica de Hartle-Hawking" la expansión del cosmos se podría dibujar también como un cucurucho pero sin el punto de abajo. En lugar de un punto inicial habría una superficie redondeada sin ningún punto (el cucurucho jamás podría gotear helado deshecho). Esto significa que, pese a que el pasado sigue siendo finito, no habría ningún extremo o punto de comienzo. La idea de que el tiempo tuvo un principio quedaría socavada. El concepto de singularidad inicial, exigido en la Gran Explosión y caracterizado por una densidad, temperatura y presión infinitas, sería así eliminado de un plumazo. Y, en fin, el universo aparecería de la nada sin necesidad de ningún creador sobrenatural.

¿Qué es lo que permitiría sacar semejante conejo cósmico de la chistera? Pues, ni más ni menos que los números imaginarios que, como su nombre indica, requieren bastante imaginación. (En matemáticas, un número imaginario puede describirse como el producto de un número real por una unidad imaginaria llamada "i", en donde esta letra "i" es la raíz cuadrada de menos uno). Cuando en el año 1777 el matemático Leonhard Euler se inventó tal número, le puso el nombre de "imaginario" para dar a entender que se trataba de un número que no tenía existencia real. Una especie de híbrido entre el ser y la nada. Pues bien, a Stephen Hawking y sus colegas solo les ha resultado posible eliminar la singularidad inicial del Big Bang, introduciendo números imaginarios en la variable tiempo de las ecuaciones gravitatorias de Einstein. Es sabido que el resultado de una determinada ecuación depende de los números o factores que se le introduzcan. Y así, en este caso, se obtiene aquello que se deseaba obtener: una creación sin principio y supuestamente sin creador.

Ahora bien, ¿son dichos resultados realistas o constituyen solamente un mero artificio matemático sin significado real? ¿Qué representa en el mundo real eso del tiempo imaginario? ¿Qué es un segundo imaginario? ¿Cómo es posible afirmar que el tiempo es igual al espacio? Nuestra experiencia cotidiana es que el tiempo es metafísicamente diferente del espacio ya que sus momentos se ordenan mediante la relación "anterior a" o "posterior a", que no sirven para ordenar los puntos del espacio.

No obstante, esta diferencia fundamental se emborrona al introducir esa idea abstracta del tiempo imaginario. Y así, todo esto parece una especie de artimaña matemática que, a sabiendas de que no puede funcionar en el mundo real, se asume de manera instrumental porque encaja con determinadas previsiones, a pesar de que en el fondo no se crea que el tiempo sea realmente como el espacio. Lo que ocurre en este modelo de la gravedad cuántica de Hartle-Hawking es que cuando los números imaginarios se cambian de nuevo por los reales entonces la singularidad inicial vuelve a aparecer y sigue siendo necesaria la intervención de un Dios creador.

Es evidente que a Hawking le gusta provocar a la gente mediante tales asuntos que tienen que ver más con la fe que con la ciencia. Ya que cuando se le pregunta acerca de su modelo cosmológico confiesa: "Soy positivista (...) no exijo que una teoría se corresponda con la realidad porque no sé qué es eso. (...) una teoría física es simplemente un modelo matemático y carece de sentido preguntar si se corresponde con la realidad".[15] Semejante respuesta equivale a un encogimiento de hombros. ¿De qué sirve su teoría -se podría preguntar- si no se corresponde con la realidad? ¿Es sólo un intento teórico por acabar con la molesta idea de la creación? A pesar de tales esfuerzos matemáticos, lo cierto es que tanto el modelo del Big Bang como el de la gravedad cuántica dejan sin explicar la verdadera causa del universo.

Además queda todavía por resolver el misterio de la segunda ley de la termodinámica. Si se elimina la singularidad inicial -como pretende Hawking- queda automáticamente sin explicación la *entropía* o el grado de desorden creciente que observamos en el universo. Mientras la estructura de la Gran Explosión permite explicar adecuadamente el incremento del desorden a medida que aumenta la expansión del cosmos, el modelo de Hawking lo deja sin solución y ya no se puede comprender el origen de esta segunda ley física. De manera que la singularidad cosmológica original constituye también una virtual necesidad termodinámica.

15. Citado en Soler Gil, F., *Dios y las cosmologías modernas*, 2014, BAC, Madrid, p. 68.

Y, de todas formas, se diera o no el punto inicial en el hipotético cucurucho del universo, el hecho fundamental es que el cosmos empezó a existir y que tal acontecimiento sigue demandando una causa. Tanto si fue la singularidad del Big Bang, como la superficie curva de la gravedad cuántica, la cosmología es absolutamente incapaz de decirnos nada acerca de dicha causa original, a pesar de los esfuerzos teóricos de Hawking por sustituir al creador por una ley física. Decir que la gravedad lo creó todo a partir de la nada supone admitir la existencia previa de dicha ley. Pero eso no es la nada absoluta. Luego si no se ha creado de la nada, estamos ante una contradicción lógica. Los disparates siguen siendo disparates aunque los diga el Sr. Hawking.

Pedir que elijamos entre Dios o la ley física de la gravedad para dar cuenta del origen del universo es tan absurdo, por ejemplo, como decir que escojamos entre el ingeniero alemán Nikolaus August Otto (quien inventó el motor de explosión en 1876) o las leyes de la física, para explicar el origen de dicho motor. La física aplicada a la tecnología puede explicar cómo funcionan los motores pero no cómo empezaron a existir. Las solas leyes físicas son incapaces de crear ningún motor de combustión interna. Es menester una inteligencia que realice determinados trabajos de ingeniería aplicada sobre unos materiales concretos. La simple lógica nos dice que ninguna ley de la física puede crear materia a partir de la nada, por tanto, la ley de la gravedad no pudo crear el universo, a pesar de las elucubraciones de Hawking. La causa del cosmos tuvo que ser ajena al mismo. Solo un Dios trascendente pudo llamar el mundo a la existencia.

Finalmente, el Dios del que suele hablar tan a menudo nuestro autor no es tampoco el Dios que se revela en la Biblia. Un Dios que pudiera sustituirse por cualquier ley física sería un "dios tapagujeros" que no es más que la explicación de aquello que todavía desconoce la ciencia. Sin embargo, como escribe el matemático cristiano John Lennox: "Dios es el autor de todo el espectáculo. Él creó el universo y lo sostiene constantemente. (…) Dios es el creador tanto de los trozos del universo que no entendemos como de los que sí entendemos. Y, por supuesto, los segundos son los que proveen las mayores evidencias de la existencia y la actividad de Dios."[16] En efecto, todo lo que la verdadera ciencia ha descubierto hasta el presente, al

---

16. Lennox, J. C., *Disparando contra Dios*, 2016, Andamio, Barcelona, p. 44.

margen de especulaciones pseudocientíficas, contribuye a fomentar nuestra admiración y adoración del insustituible Dios creador.

Un solo creador de infinitos mundos

Según el físico Stephen Hawking: "Mucha gente a lo largo de los siglos ha atribuido a Dios la belleza y la complejidad de la naturaleza que, en su tiempo, parecían no tener explicación científica. Pero así como Darwin y Wallace explicaron cómo el diseño aparentemente milagroso de las formas vivas podía aparecer sin la intervención de un Ser Supremo, el concepto de multiverso puede explicar el ajuste fino de las leyes físicas sin necesidad de un creador benévolo que hiciera el universo para nuestro provecho".[17] De manera que, en opinión de este divulgador británico, si el modelo cosmológico del multiverso es cierto, la creación y el propio Dios pierden fuerza o resultan del todo innecesarios para explicar el mundo.

Bien, lo primero que puede decirse es que si Darwin y Wallace levantaran hoy la cabeza, después de los múltiples descubrimientos realizados en las células y especialmente acerca de la información del ADN, muy probablemente se replantearían la noción de "diseño aparente" en la naturaleza. Aunque las opiniones religiosas de Darwin cambiaron con el tiempo hacia el agnosticismo, nunca quiso que se le considerara ateo ni veía incompatibles la teoría de la evolución con la fe en un Dios creador. Mientras que Alfred Russell Wallace, quien dedujo independientemente de Darwin la teoría de la selección natural, creía también que cada ser vivo evidenciaba la grandeza del creador.[18] Dicho esto, ¿qué se puede afirmar del modelo del multiverso? ¿Se basa también en argumentos sumamente endebles o, por el contrario, destierra definitivamente a Dios de su creación?

Que la concepción del multiverso, o de múltiples universos existentes, sea científica es algo que no todos los físicos aceptan, ni siquiera algunos que se definen como ateos o agnósticos. En este sentido, el físico y filósofo ateo, Martín López Corredoira -investigador del Instituto de Astrofísica de Canarias- dice: "Algunos, jugando a ser dioses en miniatura, se deben de creer que hacer física es lo mismo que jugar con las matemáticas. Universos de treinta y dos dimensiones o

---

17. Hawking, S. W. & Mlodinow, L., *El gran diseño*, 2010, Crítica, Barcelona, p. 187.
18. Rañada, A. F., *Los científicos y Dios*, 1994, Nobel, Oviedo, p. 196.

masas negativas, o agujeros de gusano, o viajes en el tiempo...; en fin, todo un zoológico de animales fabulosos creados para especular sobre nuestro universo y el de más allá. Aclaro que yo soy científico, pero no de esta ralea, para que no me confundan...; (...) Para mí, como empirista, (...) algo que nunca se ha visto ni probado es que las constantes de la física puedan tomar valores distintos de los que se conoce que poseen 'en este universo'."[19] De manera que la hipótesis del multiverso dista mucho de ser unánimemente aceptada por el propio estamento científico.

Además, esta idea de que si existieran infinitos universos cualquier cosa que pudiera ocurrir lo haría en alguno de ellos, no tiene por qué eliminar la necesidad de Dios. ¿Por qué tiene que ser Dios o el multiverso? ¿Acaso el Ser Supremo omnipotente no podría crear todos los universos que quisiera? Se trata, por tanto, de un falso dilema ya que desde el punto de vista racional, el concepto de multiverso no tiene por qué excluir a Dios. El supuesto multiverso seguiría siendo un objeto físico ordinario y, como tal, requeriría de una causa para su origen que solo podría ser un creador trascendente.

Es evidente que esta hipótesis del multiverso pretende eliminar la pregunta sobre cómo es posible que se dé un ajuste fino de las constantes del cosmos tan altamente improbable, así como la consiguiente conclusión teísta. Sin embargo, en mi opinión, semejante hipótesis constituye una auténtica falacia ya que apela a una entidad (el multiverso) inaccesible para la investigación humana, ya que estaría más allá del universo conocido.

Con el fin de explicar la exquisita precisión de las constantes físicas, se inventa matemáticamente una entidad ficticia que permita hinchar los recursos probabilísticos, de tal manera que hagan posible explicar ciertos sucesos por azar. Y después, se supone que ya estamos justificados y autorizados para dar razón mediante el azar de dichos sucesos. No obstante, el punto débil de todo este razonamiento es que no aporta ningún tipo de evidencia independiente de las entidades que propone. Más bien es al revés. Existe abundante evidencia independiente de la otra explicación alternativa al azar, que es precisamente la del diseño inteligente de un creador.

Por otro lado, el misterio de que el universo sea comprensible y ordenado desde el punto de vista matemático es, ya de por sí, una

19. Soler Gil, F. & López Corredoira, M., ¿Dios o la materia?, 2008, Áltera, Barcelona, p. 38.

evidencia que conduce a la necesidad de un Hacedor del mismo. Es más, incluso aunque las leyes físicas hubieran surgido de un fondo caótico, del multiverso que proponen algunos, o de cualquier otro todavía por conocer, cada uno de tales modelos seguirían implicando que la teoría matemática de la probabilidad se puede aplicar coherentemente al mundo. Como dicha teoría es tan racional como cualquier otra que proceda del ámbito de las matemáticas, lo que se estaría poniendo de manifiesto, una vez más, es la misteriosa racionalidad del universo. Lo cual, también deja abierta la puerta a la competencia de la teología natural.

En resumen, la teoría del multiverso no pertenece propiamente al ámbito de la física sino más bien al de la metafísica. No existen suficientes evidencias científicas para creer en ella. Sin embargo, la explicación alternativa que propone la existencia de un Dios creador que lo ha diseñado todo, tal como lo vemos y se ha creído siempre, es mucho más económica y elegante. Desde luego también es una solución metafísica, pero que cuenta además con el respaldo de la revelación escritural.

¿Hay alguien afuera del universo?

En su libro *Three roads to quantum gravity* (2001) ("Tres caminos hacia la gravedad cuántica"), el físico teórico norteamericano, Lee Smolin, ofrece una definición bastante exacta, que él acepta como válida, de lo que podría llamarse reduccionismo materialista. Asume que todas las explicaciones del cosmos se reducen solo a aquellas que puedan aportar las ciencias naturales. Y, en este sentido, escribe: "Es cierto que el universo es tan bello como complejamente estructurado. Pero no puede haber sido hecho por algo que exista fuera de él, ya que por definición el universo es todo lo que existe, y no puede haber nada fuera de él. Ni puede haber habido, por definición, algo anterior al universo que lo causara, porque, si algo ha existido, ha tenido que ser parte del universo. De modo que el primer principio de la cosmología debe ser "no hay nada fuera del universo". (...) Este primer principio quiere decir que consideramos que el universo es, por definición, un sistema cerrado"[20].

---

20. Smolin, L., *Three roads to quantum gravity*, 2001, Basic Books, Nueva York, p. 17.

De manera que un Dios creador no cabría, en opinión de Smo-lin, en un universo cerrado que se habría hecho a sí mismo sin una causa original. ¿Qué pueden pensar los jóvenes estudiantes que aceptan la existencia de Dios cuando se enfrentan en las aulas a tales afirmaciones de sus profesores? ¿Que la cosmología ha des-plazado al creador? ¿Que la fe teísta es solo para personas poco informadas? Nada más lejos de la realidad. Como veremos, lo que expresa aquí el Dr. Smolin es un gran acto de fe materialista que se intenta hacer pasar por ciencia, pero que resulta imposible de de-mostrar en la práctica.

Por mucho que las ciencias experimentales se esfuercen, en parti-cular la cosmología, la causa de la existencia del universo no es una cuestión a la que dichas disciplinas puedan dar respuesta definitiva. Decir que el mundo no puede haber sido hecho por algo que exista fuera de él no es una negación que pueda demostrarse científicamen-te. Escapa y escapará siempre al ámbito de la verdadera ciencia. Un cosmos que fuera el resultado de una singularidad, como afirma la teoría de la Gran Explosión[21], o de una fluctuación de un vacío pri-mordial, como acepta Smolin, no sería un universo que se hubiera creado a sí mismo (autocreado).

Ni tampoco, ese vacío primordial sería la nada absoluta de la crea-ción a partir de la nada. No se debe confundir la "nada" ontológica con la "nada" física. Cuando los cosmólogos empiezan a decir que "nunca hubo un Dios" o que "el universo surgió sin causa" abando-nan inmediatamente el terreno de la ciencia para inmiscuirse en el de la filosofía, la teología o el simple sentido común. Sus opiniones valen entonces como las de cualquier otra persona. Esto deben sa-berlo los estudiantes creyentes.

Es evidente que Dios es mucho más que la sola causa del univer-so, pero si Él no existiera, no se habría originado nada. Ni vacíos ni singularidades. Ni cosmos ni cosmólogos. Dios, al crear, llamó a la existencia lo inexistente. En la nada metafísica florecieron los entes físicos. Espacio, tiempo y materia empezaron a ser lo que son. De manera que Dios es la fuente inagotable de todo ser.

---

21. No me gusta el término "Big Bang" o "Gran Explosión" porque no hace honor a la teoría. Por explosión pudiera entenderse caos o desorden, mientras que lo que supues-tamente ocurrió fue todo lo contrario: el surgimiento del orden cósmico y la creación. ¿Sería mejor "Gran Ordenación"?

El cosmólogo que niega o banaliza este misterio trascendente está malinterpretando a Dios y a lo que significa realmente "crear". Y, por supuesto, no está haciendo ciencia. Crear a partir de la nada no es transformar una cosa en otra diferente. Tal como enseñó Tomas de Aquino, la creación no es un cambio. Algo a lo que la ciencia tendría acceso. Por el contrario, crear es hacer aparecer seres sin ningún tipo de transformación constatable. Es un rechazo absoluto de cualquier causa material en el acto creador.

Muchos cosmólogos piensan equivocadamente que la creación de la nada (*ex nihilo*) es lo mismo que la creación después de la nada (*post nihilium*). Y así creen que al negar la segunda (que la creación ocurriera después de la nada) están negando también la primera (la creación a partir de la nada). Pero son dos conceptos bien distintos. Una cosa es investigar los procesos que ocurren en la naturaleza, y otra cosa diferente es examinar el significado del propio existir de las cosas.

Por tanto, jamás el método científico podrá estudiar el acto mismo de la creación, que es metafísico e indetectable para el ser humano. La ciencia es incompetente para negar o demostrar a Dios. Puede aportarnos indicios susceptibles de ser interpretados en un sentido u otro pero nunca demostraciones irrefutables.

Desde tal convicción, un error que debemos evitar, sobre todo los creyentes, es pensar que la teoría de la Gran Explosión, descrita por la cosmología moderna, es una demostración científica de la creación a partir de la nada. No lo es. De la misma manera que la hipótesis de Hawking, de un universo sin frontera inicial, sin singularidad o comienzo, tampoco elimina realmente la acción creativa de Dios. La cosmología no puede demostrar o negar al creador que seguirá siempre siendo necesario, puesto que es -como decimos- la fuente del ser.

Muchas tentativas humanas por explicar lo inexplicable no son más que especulaciones teóricas que pueden cambiar con el tiempo. Especular no es malo. Lo que no puede resultar nunca lícito es sacar conclusiones erróneas -como que Dios no puede existir fuera del universo, que éste es todo lo que existe o que no tiene causa- por no saber distinguir adecuadamente entre los dominios de las ciencias naturales, la metafísica y la teología.

Desde esta última disciplina, fundamentada en la revelación escritural, entendemos que Dios, existiendo fuera del tiempo, del espacio y del universo material, hizo existir también todas las cosas como entidades finitas que son diferentes de Él, aunque completamente dependientes de su causalidad. La palabra "creación" significa, pues, la radical dependencia de Dios como causa de todo ser. De manera que no puede haber ningún conflicto necesario entre la doctrina de la creación y ninguna teoría física porque éstas, en cualquier caso, dan cuenta de los cambios en los seres materiales, mientras que la creación se refiere a la propia existencia de las cosas.

¿Por qué existe el mundo?

Hoy por hoy, la causa del cosmos resulta desconocida para la ciencia humana. Sin embargo, ¿podrá algún día conocerse? Algunos científicos optimistas creen que sí, que llegará el momento en que la cosmología demostrará sin lugar a dudas cómo pudo formarse todo a partir de la nada. En este sentido, ciertos físicos ateos parecen abrigar dicha esperanza. "Hemos también de mostrarnos humildes -escribe el físico y filósofo español Martín López Corredoira- y comprender que desde nuestra finitud no nos es posible dar respuesta actualmente a preguntas como por qué las constantes físicas del universo valen lo que valen (quizá en el futuro se pueda entender), por qué el universo se puede entender racionalmente o el porqué mismo de todo lo existente."[22]

Pero, desde luego, lo que muchos rechazan enérgicamente es que un Dios creador pueda ser la respuesta. "Dios no es más que una palabra comodín a la que atribuirle todo lo desconocido, (…) una tautología vacía de cualquier información salvo el juego de palabras. ¿Cuál es la causa del universo? Dios, se nos dice. ¿Y qué es Dios? Pues la causa del universo. O sea, que lo que se nos dice es algo así como que la causa del universo es la causa del universo."[23] ¿Tiene razón López Corredoira en su argumentación? ¿Es realmente Dios una simple excusa tautológica? Yo creo que no y vamos a ver porqué.

La definición de Dios no es en absoluto una tautología, que repita dos veces lo mismo, por la sencilla razón de que Él es muchísimo más que la causa del cosmos. Si solo fuera eso, estaríamos en

22. Soler, F. & López Corredoira, M., ¿Dios o la materia?, 2008, Áltera, Barcelona, p. 288.
23. *Ibid.*, pp. 42-43.

el deísmo que rechaza a un Dios personal. No obstante, desde el teísmo, además de creador es también un ser con entendimiento, conciencia y voluntad que se preocupa desinteresadamente por sus criaturas hasta extremos insospechados. No solo creó por amor seres materiales inertes, sino también animales con vida y personas racionales capaces de creer en su existencia y relacionarse con Él.

Según la encuesta *Religion and Atheism Index,* seis de cada diez personas en el mundo confiesan creer en un Dios personal. No solamente los seguidores de las tres grandes religiones monoteístas: judíos, musulmanes y cristianos, sino también los creyentes de algunas religiones orientales y muchos teístas independientes. ¿Es que están todos locos? ¿Son irracionales o débiles mentales? No me parece que ese sea, ni mucho menos, el caso.

Por supuesto, decir que Dios es un ser personal que ama a sus criaturas, no es algo que pueda deducirse de la mera existencia del universo. Se trata, más bien, de una noción extraída de la teología. Sin embargo, que las personas digan que Dios es persona, ¿no será pecar de *antropomorfismo*? ¿Por qué tendría Dios que parecerse a nosotros? ¿Acaso somos modelo, centro y medida de todas las cosas? Esta es una acusación contra los creyentes que con frecuencia se saca a relucir desde el materialismo.

El antropomorfismo consiste en atribuirle cualidades humanas a cosas, animales o divinidades. Mientras que el *antropocentrismo* es considerar al ser humano como centro de todas las cosas y fin absoluto de la realidad. Pues bien, aquello que los materialistas llaman antropomorfismo no es más que una forma de antropocentrismo que nadie puede evitar, ni siquiera ellos mismos. Tendríamos que dejar de ser hombres y mujeres para hacerlo.

Por ejemplo, entendemos que el brujo de una tribu se equivoca cuando aplica cualidades personales a fenómenos materiales que nosotros comprendemos bien por la ciencia, como el rayo, la lluvia o la floración de las plantas. Pero, ¿acaso no podría ocurrir también todo lo contrario? A saber, que el materialista se confunda al negarse sistemáticamente a aplicar conceptos personales a la realidad última del universo, por miedo a pecar de antropomorfismo. De una manera u otra se pueden cometer errores.

Acusar a los creyentes de atribuirle a Dios entendimiento, personalidad y voluntad, es en el fondo culparlos de no profesar el materialismo. Lo cual es bien cierto pero no demuestra absolutamente nada. El físico y teólogo inglés, John Polkinghorne, escribe al respecto: "Aun cuando el lenguaje humano finito lo estiramos siempre más allá de sus límites cuando intentamos hablar de la infinita realidad de Dios, será estirado en la dirección más adecuada al usar la modalidad personal. Empleando terminología cristiana, Dios es mucho más "Padre" que "Fuerza". Por supuesto, esto no significa que Dios sea el anciano en el cielo de la caricatura degradada, pero dirige el pensamiento teológico en una dirección que puede propiamente ser llamada transpersonal."[24]

El Dios de los cristianos -en el que yo creo- se revela en la Biblia como creador del universo pero también como padre personal interesado sobre todo en la criatura humana. No es un dios tapagujeros que se dedique a rellenar los huecos del conocimiento científico. Sería un grave error y una confusión de planos explicativos usar al creador como concepto para obtener explicaciones físicas. La metafísica, como su nombre indica, estará siempre más allá de la física. Dicho esto, lo que me resulta evidente es que esta concepción teísta de Dios encaja mucho mejor con los datos físicos y cosmológicos que hoy nos proporciona la ciencia, que la concepción alternativa, la visión materialista del mundo.

Como escribe el filósofo católico, Francisco Soler Gil: "...se da un buen grado de concordancia entre lo que la cosmología nos enseña acerca del universo y lo que la teología nos dice del universo, considerado como creación. (…) esta concordancia refuerza de algún modo la doctrina teológica. No estoy, por tanto, hablando de demostraciones, sino de piezas de un rompecabezas que encajan bien."[25] Lo que quiere decir este profesor de la Universidad de Bremen (Alemania) es que no se afirma, por ejemplo, que la explicación del ajuste fino del universo sea Dios, sino que dicho ajuste fino -se deba a la causa física que se deba- concuerda mejor con la concepción teológica de creación que con la materialista de azar. Con Dios no se está tratando de tapar ningún hueco provisional de la cosmología sino, simplemente, se constata que la cosmovisión cristiana o teísta y la descripción científica del cosmos encajan bien. Mejor que con la cosmovisión del materialismo ateo.

24. Polkinghorne, J., "Física y metafísica desde una perspectiva trinitaria". 2005, En Soler Gil, F., (ed.): *Dios y las cosmologías modernas* (Madrid, BAC) 201-222.
25. Soler, F. & López Corredoira, M., ¿*Dios o la materia?*, 2008, Áltera, Barcelona, p. 48.

Cuando se analizan las diversas interpretaciones sobre el origen del universo, puede comprobarse que hay científicos que prefieren el modelo de la Gran Explosión porque piensan que si hubo un principio temporal del cosmos, entonces la teología natural queda respaldada. De la misma manera, existen también cosmólogos que defienden modelos alternativos, que suponen la eternidad del mundo, porque creen que éstos favorecen la causa materialista en contra de la teología natural. ¿No hay ninguna otra posibilidad?

Es evidente que si el universo tuvo un principio, la pregunta por la causa de su existencia resulta pertinente. Pero, de hecho, la necesidad de dicha causa no deriva de que el universo sea finito o no sino, sobre todo, de que es un objeto material ordinario. Y, tanto si es finito como eterno, la causa que generó dicho objeto necesita una explicación que escapa al ámbito científico entrando de lleno en el de la teología natural.

La pregunta por la causa del ser sigue siendo imprescindible para todos los modelos cósmicos. De manera que Dios, como causa final de la existencia, no puede ser eliminado por ninguna teoría cosmológica. En cambio, la pregunta por el origen del creador, al no ser éste ningún objeto material, carece por completo de sentido. Decir Dios, implica necesariamente asumir que es incausado.

La existencia de un Dios creador es el mejor marco conceptual que existe para entender bien los resultados de la ciencia. El misterio de que el universo exista y sea comprensible para nosotros se resuelve si realmente ha sido diseñado inteligentemente.

Un cosmos poco eficiente

Una objeción a la realidad de un Dios sabio, que lo hizo todo de forma eficiente y adecuada para la vida en general y la humanidad en particular, es aquella que se refiere a la inmensidad del universo, así como a lo poco adecuado que parece para albergar seres biológicos. Solamente en nuestra galaxia, la Vía Láctea, hay miles de millones de planetas con condiciones físicas diferentes, pero únicamente en una mínima parte de ellos -según afirma la cosmología moderna- se darían las condiciones para la hipotética aparición natural de la vida. De hecho, actualmente el único planeta conocido que alberga vida es la Tierra.

Pues bien, cuando se piensa en el incontable número de estrellas y galaxias, así como en las violentas explosiones de supernovas, o en el choque de enanas blancas con el consiguiente despilfarro de energía y materia, ¿no parece todo esto un tremendo derroche por parte de un supuesto creador interesado sobre todo en la criatura humana de un minúsculo punto azul del cosmos?

El físico español, Martín López, lo dice así: "Si un dios hubiera querido crear un universo habitable para la vida, ¿por qué habría de crear uno en el que es tan sumamente improbable encontrar un planeta como la tierra que reúna las condiciones necesarias para la vida? Puestos a ajustar y hacer universos a la carta, creo que se podría haber hecho una creación más idónea para albergar la vida."[26] De manera que la grandeza y supuesta ineficiencia del cosmos parecería incompatible con el carácter del Dios que se revela en la Biblia. ¿Es realmente esto así?

En mi opinión, todo depende de qué concepto se tenga de Dios, de cómo se conciba al creador del cosmos. Si se piensa en Él como si fuera un artista clásico condicionado por sus limitados recursos y por unos determinados cánones estilísticos o, por el contrario, se le concibe como ilimitado de medios y omnipotente. Si se le ve como a un escultor griego o romano de aquellos que en la Antigüedad clásica esculpían estatuas realistas en mármol blanco, en las que cada cosa estaba en su sitio, todo guardaba unas proporciones adecuadas que seguían determinados patrones, había eficiencia, simetría, orden, equilibrio y parecido con la realidad, como por ejemplo en el famoso Discóbolo de Mirón o en la Victoria de Samotracia, entonces sí resultan importantes la economía de medios, la eficiencia y las proporciones pequeñas.

Pero, ¿por qué tendría Dios que ajustarse a estos ideales humanos limitados? El creador de todo lo que existe no tiene escasez de recursos como los artistas clásicos. La eficiencia, o el rendimiento energético, son condicionantes importantes para nosotros, que somos criaturas finitas, materiales y limitadas, pero no para quien ha diseñado y creado el cosmos con el poder de su todopoderosa voluntad. Si eres un ser limitado, tienes que ser eficiente para lograr todo lo que sea posible con tus reducidos recursos. Pero si eres omnipotente, ¿qué importancia puede tener la eficiencia?

26. Soler, F. y López, M., ¿Dios o la materia?, 2008, Áltera, Barcelona, p. 253.

Quizás Dios se parece más, en algunos aspectos, a un artista romántico extremadamente creativo, que se deleita en la diversidad o en hacer cosas tan diferentes entre sí como sea posible. La pintura y escultura romántica de los siglos XVIII y XIX se caracterizó por el exotismo, la diversidad de colores y formas, la búsqueda de lo sublime, paisajes complejos y difíciles de representar como iglesias en ruinas, movimientos sociales, naufragios, masacres, etc. Los ejemplos son numerosos desde *La Libertad guiando al pueblo* o *La barca de Dante*, pinturas de Eugène Delacroix, hasta *El dos de mayo de 1808 en Madrid* y *Los fusilamientos del 3 de mayo* de Francisco de Goya.

De la misma manera, cuando se mira el mundo natural y los seres vivos, es fácil llegar a la conclusión de que al creador debe gustarle la variedad, la inmensidad, el espacio ilimitado, la multiplicidad de formas, la exageración de recursos. En el mundo hay actualmente unos siete mil millones de personas y, aunque algunas de sus caras puedan parecerse, no hay dos absolutamente idénticas. Es evidente que a Dios le gusta la diversidad.

Por otro lado, todos estos argumentos presuponen lo que el Sumo Hacedor debería haber hecho, o aquello que -según nuestro criterio humano- tendría que pensar o ser. Pero, la realidad es que no hay razón para creer que podamos saber estas cosas. Del hecho de que exista esta increíble inmensidad cósmica, o la enorme diversidad biológica, no podemos elaborar propiamente un argumento convincente contra la existencia de Dios. A nosotros puede parecernos que el Universo presenta una gran ineficiencia energética y espacio-temporal, pero el creador puede haber tenido sus gustos, sus preferencias o sus buenas razones para hacerlo así, aunque no podamos entenderlo desde nuestra finitud humana.

Además, los datos científicos sobre el universo que hoy proporciona la cosmología no indican precisamente desorden, azar o ineficiencia sino todo lo contrario: previsión, orden, eficiencia energética y ajuste fino de las leyes físicas hasta en los mínimos detalles. No podríamos vivir en un cosmos más pequeño del que conocemos. Para que se formaran adecuadamente los átomos de la materia (como hidrógeno, carbono, nitrógeno, oxígeno, etc.) que nos constituyen, se necesita de la fusión nuclear dentro de las estrellas. Es necesario que se hayan formado las galaxias y las estrellas, así como que las supernovas hayan explotado, liberando dichos átomos por el universo, y que este polvo estelar haya dado lugar a planetas como la Tierra, capaces de albergar vida.

Todo esto requeriría un tiempo de unos 13.700 millones de años -según los cálculos cosmológicos- durante los cuales el universo se expandió hasta el tamaño que presenta hoy. De manera que, si no fuera tan enorme como es en la actualidad, no estaríamos aquí para estudiarlo. Tal como manifiesta el catedrático de física de la Universidad Autónoma de Barcelona, David Jou: *La inmensidad del Universo (...) es una condición necesaria para nuestra existencia.*[27] Esto significa que el cosmos no es ineficiente sino tal como debe ser para permitir la vida en la Tierra.

La teoría del Big Bang -la más convincente y aceptada hasta ahora en cosmología- afirma que hubo un primer instante en el que "apareció" (curiosa palabra) un universo minúsculo. Si había algo o no antes de dicho instante, la ciencia no lo sabe pues pertenece al terreno de la especulación humana.

Después, casi de inmediato, se entró en una época inflacionaria durante la cual esa pequeña región del espacio recién surgida multiplicó su tamaño exponencialmente en una fracción de segundo. Al concluir dicha inflación el universo se llenó de materia y radiación. Se cree que la temperatura en aquel instante fue extraordinariamente elevada y que fue descendiendo a medida que el cosmos seguía expandiéndose.

Se piensa que después de 380.000 años sobrevino una época de recombinación, en la que los electrones fueron capturados por los núcleos atómicos, formándose así los primeros átomos de la materia. En ese instante se liberó una gran cantidad de luz que siguió viajando por el espacio hasta llegar a nuestros días, constituyendo la famosa radiación de fondo de microondas que aún puede ser detectada. Literalmente, el universo se llenó de luz. (Es difícil evitar aquí los paralelismos teológicos).

Fue entonces cuando, además de la materia ordinaria (constituida por los átomos) y de la energía, la misteriosa "materia oscura", el ingrediente más importante del universo, así como la "energía oscura" estaban ya presentes. Todavía hoy no sabemos qué es dicha materia ni cuáles son sus partículas constituyentes. Al parecer, éstas no pueden ser las mismas que aquellas que componen la materia

---

27. Jou, D., *Déu, Cosmos, Caos*, 2008, Viena Edicions, Barcelona, p. 113.

ordinaria (protones, neutrones y electrones). Aunque todavía no se conocen, a tales misteriosas partículas de materia oscura, se las ha denominado ya como "neutralinos" y "axiones". Se cree que han de ser muy estables y que constituyen el 27% del contenido total del universo.

Pues bien, en el cosmos primitivo la materia fue concentrándose lentamente en torno a las zonas de mayor densidad dando lugar a las galaxias y cúmulos de galaxias. Se acepta que 9800 millones de años después del Big Bang, la densidad de energía oscura empezó a acelerar la expansión del universo que puede observarse todavía hoy. De ahí que los pronósticos de esta teoría apunten también hacia un final del mundo, (¿otra coincidencia teológica?).

Si dicha energía oscura mantiene su presencia como hasta ahora ha venida haciendo, la expansión del cosmos continuará y llegará un momento en que los grupos de galaxias se separarán unos de otros. Entonces las estrellas y la vida se irán apagando poco a poco. Será el fin de todas las cosas. Por supuesto esto no es un final feliz y no gusta a todos los cosmólogos, de ahí que algunos propongan escapatorias con posibles nacimientos de universos burbujas. Lo cual confirma, una vez más, que Dios "ha puesto eternidad en el corazón de ellos, sin que alcance el hombre a entender la obra que ha hecho Dios desde el principio hasta el fin" (Ecl. 3:11).

Un paseo por el universo

Lo confieso, tengo la manía de empezar los libros por el final. Normalmente los autores no revelan sus cartas hasta ese momento y, al descubrirlas, uno entiende mejor todo lo anterior. Esto es lo que me ocurrió la pasada semana al leer la primera entrega de una famosa colección anunciada en televisión: *Un paseo por el cosmos*. En el libro que la introduce, *La materia oscura*, su autor explica muy bien, de manera suficientemente didáctica, los diferentes aspectos de este concepto físico todavía no comprendido bien por la cosmología moderna.

Sin embargo, se reserva su opinión del mundo (cosmovisión) hasta la última página y en ella, refiriéndose al multiverso -la famosa hipótesis de que el universo visible puede ser uno de tantos de otros innumerables mundos- escribe: "Es importante señalar que el multiverso no es una noción mística, sino todo lo contrario: proporciona una posible explicación racional a las características de la naturaleza que parecen diseñadas a propósito. En este sentido se parece a la idea de la selección natural de Darwin: los seres vivos son tan sofisticados que parecen diseñados a propósito para realizar sus funciones. Sin embargo, ese aparente diseño es en realidad la consecuencia de muchas mutaciones aleatorias a lo largo de millones de años, de las que solo las más favorables han sido seleccionadas".[28]

Esta concepción naturalista de Alberto Casas -director del Instituto de Física Teórica en España y profesor del Consejo Superior de Investigaciones Científicas- es la que predomina actualmente en los ambientes científicos y universitarios de nuestro país.

Se trata de la creencia de que toda la materia y energía del universo, así como el tiempo y el espacio, no han requerido una causa para su aparición sino que se habrían creado a sí mismos de manera espontánea y natural. Ellos serían su propia causa. Todo lo que existe en el cosmos, desde los átomos de helio de las estrellas hasta los cerebros que obtienen los premios Nobel de la Tierra, habrían surgido de la explosión del Big Bang y evolucionado durante miles de millones de años hasta llegar a ser lo que son. Y cuando algún alumno despabilado se atreve a preguntar qué había antes del Big Bang, se le responde que no tiene sentido preguntarse acerca de lo que había antes del primer instante. Y asunto zanjado.

Es evidente que tal respuesta no puede dejar satisfechos ni siquiera a los propios cosmólogos, muchos de los cuales están continuamente proponiendo modelos matemáticos, como este del multiverso, con el fin de explicar el diseño inteligente que evidencia el cosmos, así como su origen en el tiempo. Se dice que la hipótesis contraintuitiva de un conglomerado de universos eternos es una "explicación racional", mientras se descarta por "mística" la posibilidad alternativa. A saber, que solo exista el universo que observamos y que haya sido diseñado sabiamente.

Hasta los físicos y cosmólogos materialistas se ven obligados todavía hoy a recurrir a Darwin para recordarnos aquello de que los seres que parecen diseñados inteligentemente, en realidad no lo son. Se trataría de un simple espejismo -se nos asegura- ya que las responsables habrían sido las mutaciones aleatorias beneficiosas a lo largo de millones de años. No obstante, comparar el multiverso con

28. Casas, A., *La materia oscura*, 2015, RBA, Navarra, p. 154

la selección natural de Darwin no parece muy acertado, puesto que de ésta existen ejemplos concretos en la naturaleza, aunque sea a pequeña escala, mientras que la hipótesis del multiverso no pasa de ser una mera especulación matemática.

Pero volvamos al meollo de la cuestión. Muchas de las afirmaciones de científicos famosos adolecen de un mínimo soporte filosófico. Suele darse frecuentemente una desconexión importante entre filosofía y ciencia. Decir, por ejemplo, que un determinado objeto físico carece de causa que lo originara o que él es su propia causa, es algo que contradice los fundamentos filosóficos más elementales. El universo, por muy enorme que sea, es un objeto. Y si se divide en partes cada vez más pequeñas hasta llegar a las partículas subatómicas que se conocen hoy, cada una de tales minúsculas porciones sigue siendo objeto material que no ha podido originarse a sí misma y, por tanto, necesita de una causa no material ajena a ella.

Incluso aunque el cosmos fuera eterno -como piensan algunos- continuaría requiriendo de una causa para su existencia. Lo mismo puede decirse de la energía, los campos, el espacio e incluso el tiempo. Esto es lo que reconoce la razón filosófica desde hace muchos años, desde los pensadores griegos de la antigüedad. La nada de la física no es la nada ontológica. Sin embargo, algunos cosmólogos intentan hoy anular dicho principio mediante hipotéticos malabarismos matemáticos porque no les gusta admitir que el mundo tenga una causa original. Aunque lo cierto es que de la nada, nada sale.

Otro aspecto importante tiene que ver con la información que evidencia la naturaleza. El mundo está empapado de ella desde los códigos biológicos presentes en las células hasta el exquisito equilibrio de fuerzas que muestran los átomos de la materia. Nuestra experiencia es que siempre toda información sofisticada y compleja tiene su origen en una mente inteligente. Por ejemplo, la música que hace vibrar nuestros sentimientos nace de la sensibilidad consciente del músico. Todas las obras de arte, tanto pictóricas, como escultóricas o de la literatura universal se gestaron en la mente de sus autores. De la misma manera, las múltiples habilidades de las computadoras fueron previamente planificadas por los ingenieros informáticos que realizaron los diversos programas. La información, o la complejidad específica, hunde habitualmente sus raíces en agentes inteligentes humanos.

Pues bien, al constatar el fracaso de las investigaciones científicas por explicar, desde las solas leyes naturales, el origen de la información que evidencia la vida, ¿por qué no contemplar la posibilidad de que ésta se originara a partir de una mente inteligente, como la del Dios creador de la Biblia? Afirmar que las elaboradas instrucciones presentes en la molécula de ADN son el producto de las mutaciones casuales no dirigidas a lo largo de millones de años -como asegura el darwinismo- es un gran acto de fe materialista que no se puede demostrar de manera definitiva. Es algo que atenta contra todo aquello que sabemos y observamos cada día en la realidad. La información ingeniosa requiere también de una causa y ésta solo puede ser inteligente.

Estos son algunos de los argumentos que conducen a la solución mística que, en definitiva, me parece también la más racional. Tanto si el universo es único, como si hubiera múltiples mundos; tanto si es finito en el tiempo, como si fuera eterno; cuando uno se pasea por el cosmos descubre aquello que ya se conoce y lo mucho que queda todavía por entender e intuye humildemente las huellas del Dios creador que se revela en la Biblia. Un Padre misericordioso que lo sustenta todo de manera providente, y sigue siendo necesario, no solo como causa incausada de lo existente sino también como alguien que nos ama y nos tiende la mano para que no nos perdamos en esa otra selva cósmica de nuestros propios errores morales.

El fin del mundo

Nuestra condición mortal nos lleva casi siempre a estirar el tiempo tanto como podamos. El hombre procura huir de la esclavitud del reloj coleccionando instantes diferentes. Cada momento de la existencia se convierte así en un tiempo de espera para el siguiente que suponemos será mejor. La felicidad se sitúa generalmente en el futuro pero al llegar éste, y descubrir que no era como se esperaba, rápidamente se sustituye por otro instante imaginario del porvenir. Se trata, en el fondo, de una carrera frustrante en busca de lo inalcanzable que no nos permite disfrutar del momento presente.

Hoy vivimos el tiempo como si fuera un puzle que debemos rellenar con múltiples piezas diferentes. Trabajo, hogar, familia, transporte, automóvil, niños, congresos, actividades sociales, radio, televisión, móvil, redes sociales, ordenador y mil cosas más le roban a nuestra vida cotidiana el silencio y la dimensión profunda necesarios para poder vivir serenamente y reflexionar acerca de nosotros mismos. Es menester realizar un esfuerzo personal con el fin de lograr ese espacio íntimo y ese tiempo privado que puede edificarnos interiormente. Pero, ¿es posible estirar el espacio?

En otro orden de cosas, lo que se desprende de la teoría física de la relatividad general es que la respuesta a tal pregunta debe ser afirmativa. Resulta necesario imaginarse que el espacio se está estirando continuamente y por igual en todas las direcciones. Esto provoca que las galaxias se estén separando progresivamente. Los cosmólogos llaman a semejante acontecimiento contrario al sentido común: "expansión homogénea e isótropa". No existe ningún punto privilegiado del universo ya que desde cualquier galaxia se percibiría que el resto de las galaxias se alejan de manera parecida.

Aplicando la *ley de Hubble,* que dice que la velocidad de alejamiento de cualquier cuerpo cósmico lejano ha de ser proporcional a la distancia que nos separa de él, se deduce que la velocidad de alejamiento de una galaxia aumenta unos 20 km/s por cada millón de años-luz de distancia. Esto significa que si una estrella se encuentra, por ejemplo, a dos mil millones de años-luz de la Tierra, se está alejando de nosotros a unos cuarenta mil kilómetros por segundo.

¿Qué ocurrirá en el futuro? ¿Seguirá el universo expandiéndose hasta su muerte definitiva o, por el contrario, se ralentizará e invertirá el ritmo de expansión en una especie de gran encogimiento hasta originar un nuevo Big Bang y así sucesivamente por los siglos de los siglos? Hasta finales del pasado siglo XX, muchos cosmólogos aceptaban esta segunda opción. Si el universo estaba formado únicamente por materia y radiación, se comportaría como cuando se lanza una piedra hacia arriba. Primero sube pero la gravedad pronto la frena y provoca su inmediato descenso. Del mismo modo, llegaría un momento en que el cosmos detendría su expansión y produciría una gran implosión o "Big Crunch". No obstante, a principios del presente siglo, las cosas cambiaron con el descubrimiento de la misteriosa "energía oscura".

Se trata de una extraña forma de energía que llenaría uniformemente todo el universo. No se conoce su origen ni por qué existe en tal cantidad. Resulta difícil adaptarla a los actuales esquemas de la física moderna. Algunos cosmólogos creen que se trata del ingrediente que decidirá el destino del cosmos. Se piensa que la energía oscura es la responsable de que la expansión del universo no solo no se esté frenando -como se creía hasta los noventa- sino todo lo contrario, que se acelere continuamente.

Al parecer, dicha energía oscura provocaría una "repulsión" gravitatoria que incrementaría la expansión cósmica. Algo que vendría a modificar algunos conceptos físicos hasta ahora bien establecidos. De manera que para que el universo se expanda aceleradamente como lo está haciendo, se requeriría una cantidad aproximada de energía oscura del 68% de la densidad crítica. Lo cual encaja perfectamente con lo que faltaba para completar la densidad total del universo.

La existencia de esta enigmática energía oscura permite predecir cómo será el futuro del cosmos. Si su densidad es constante y no cambia en el tiempo, como hasta ahora, la expansión continuará a un ritmo cada vez mayor. Las galaxias seguirán alejándose unas de otras hasta que superen la velocidad de la luz. En ese momento, las más alejadas dejarán de ser visibles desde la Tierra ya que la luz que emitan viajará hacia el planeta azul a menor velocidad que la expansión del universo y nunca nos alcanzará. Los cosmólogos dicen que "habrán salido de nuestro horizonte". El Sol pasará por la fase de gigante roja, aniquilando la vida en la Tierra, antes de convertirse en una enana blanca y después en otra negra. Este sería el fin de nuestro mundo según la cosmología moderna.

Desde la perspectiva teológica, se acepta también un fin del mundo. La Biblia contiene numerosas referencias a dicho acontecimiento. Sin embargo, el tiempo, y todo lo que nos ocurre dentro de él, se concibe y adquiere significado por medio del Dios que se revela en Jesucristo. La fe en Él permite al ser humano temporal acceder a la vida eterna. Para el cristiano, el tiempo es pues como la eternidad. Un eterno presente que debiera estar cargado de acciones responsables hacia los demás. Según la Escritura, el amor es lo que debe llenar siempre nuestro tiempo. Tenemos que disponer de él para dedicarlo a quienes nos necesitan, a aquellos para los que nadie tiene tiempo. Los creyentes estamos llamados a seguir las palabras del Maestro: "enseñándoles que guarden todas las cosas que os he mandado; y he aquí yo estoy con vosotros todos los días, hasta el fin del mundo" (Mt 28:20).

CAPÍTULO 2
Dios y la Vida

El fósil más antiguo del mundo

El primer día de este mes de septiembre, el diario español *EL PAÍS* nos informaba de un importante hallazgo científico publicado en la revista *Nature*. Se trata de un "estromatolito" fósil descubierto en rocas árticas que, gracias al actual deshielo, han podido ser analizadas. Los estromatolitos (literalmente, camas de piedra) constituyen formaciones rocosas estratificadas que pueden tener diversos aspectos. Se originan porque millones de bacterias azul-verdosas (las llamadas *cianobacterias*) capturan partículas carbonatadas de las aguas someras en las que viven y, gracias a la fotosíntesis, liberan oxígeno y absorben de la atmósfera grandes cantidades de dióxido de carbono, con lo que forman carbonatos que, al precipitar, solidifican y originan los llamados estromatolitos. Las pequeñas láminas estratificadas que los constituyen suelen tener un espesor de algunos milímetros, pero su acumulación es capaz de adoptar formas muy variadas, planas, hemisféricas, columnares, etc.

Actualmente se siguen formando estromatolitos en determinados lugares del mundo. Australia, México, Bahamas, Mar Rojo, Brasil, Chile, Perú y Argentina, son algunas de las ubicaciones más famosas. Solo crecen en aquellos ambientes donde los demás organismos, que pudieran entrar en competencia con ellos, limitar así su crecimiento y eliminarlos, son incapaces de vivir, como ocurre en las lagunas extremadamente salinas, con alta radiación ultravioleta o elevados niveles de arsénico. El evolucionismo supone que debieron ser las primeras formas microbianas de vida sobre la Tierra ya que únicamente pudieron prosperar sin competencia alguna. Claro que el hecho de que todavía vivan hoy, como islas rodeadas de tanta diversidad biológica, le quita peso al argumento.

Hay estromatolitos fósiles en todas las eras geológicas aunque, hasta ahora, los más antiguos se databan en 3.500 millones de años y fueron encontrados en Warrawoona (Australia). El nuevo hallazgo estira 200 millones de años hacia atrás la presencia de estas laboriosas bacterias. Si se acepta que la Tierra se formó hace 4.500 millones de años -como sugiere la cronología estándar- y resulta que ya había células bioquímicamente tan complejas como las cianobacterias de los estromatolitos hace 3.700 millones de años, resulta que la materia inorgánica únicamente dispuso de entre 500 y 800 millones de años para transformarse en la primera célula viva. Esto puede parecer mucho tiempo pero, en realidad, es muy poco para que la lotería de las combinaciones haga su trabajo (como bien saben los matemáticos que estudiaron las posibilidades de que una proteína de 200 aminoácidos se originara por azar).

Semejante dificultad es la que le obliga a decir a Juli Peretó, uno de los científicos citados en el artículo de *EL PAÍS*: "Si nos desprendemos del prejuicio darwinista de que la evolución es muy lenta, hay quien estima que con unos 10 millones de años hubiesen bastado para que la vida arrancase y se diversificará".[1] Desde luego, hay opiniones para todos los gustos y en este asunto del origen de la vida casi tantas como autores. A pesar de lo cual, el consenso científico acepta que éste es poquísimo tiempo para la evolución microbiana compleja.

¿Tiene este descubrimiento alguna implicación importante con respecto a la aparición de la vida? En mi opinión, se lo pone más difícil al darwinismo ya que acorta significativamente el tiempo para que los átomos y las moléculas de la Tierra primitiva se convirtieran en seres vivos como las bacterias.

¿Implica tal descubrimiento que la posibilidad de que haya vida fuera de la Tierra sea mayor? Yo creo que no en absoluto. Pero si se *supone* que la vida prospera siempre que se den unas determinadas condiciones ambientales en cualquier lugar del universo; si se *supone* que la Tierra tuvo dichas condiciones; si se *supone* que existen otros planetas que también las poseen o las poseyeron en el pasado; si se *supone* que la evolución por selección natural al azar se dio asimismo en tales mundos y, en fin, si se *supone* todo lo que *supone* el darwinismo, cualquier escenario puede parecer creíble.

El problema, hoy por hoy, es que la teoría materialista de la evolución necesita desesperadamente encontrar vida fuera de nuestro planeta para convencernos a todos de que ésta es ubicua y siempre sale adelante. Por eso, cada vez que se descubre un nuevo fósil de microbio, aunque su estructura y biología sea bien conocida como

---

1. *EL PAÍS*, 01/09/2016; http://elpais.com/hemeroteca/elpais/portadas/2016/09/01/

en este caso, se lanzan campanas al vuelo para afirmar que demuestra, de alguna manera, que también debe haber vida en otros planetas. Pero, lo cierto es que una cosa poco tiene que ver con la otra.

Otra asunto que siempre me sorprende es la facilidad con la que algunos periodistas de este país (y también del otro) mezclan los temas para terminar arrimando el ascua a su sardina. Ya desde el primer párrafo, se descarta a Dios como irrelevante en el asunto del origen de la vida. Se viene a decir -por lo menos así lo entiendo yo- que tanto si el origen de la vida es un milagro, como si se trata de una consecuencia inevitable del universo, un creador inteligente no cuenta aquí para nada. Si la vida es un milagro, lo será del dios Azar. Pero si es una ley del cosmos, también habrá que atribuírsela a dicha divinidad fortuita.

Se trata del naturalismo autosuficiente de siempre creyéndose capaz de explicarlo todo, hasta los milagros más increíbles, desde la pura materialidad. ¡Como si eso fuera posible! ¿Acaso alguna de estos dos opciones descarta necesariamente a Dios? Si la vida fuera un milagro, ¿no podría el Sumo Hacedor haber tenido algo que ver? Si por el contrario se tratara de una tendencia cósmica, ¿qué impide creer que Dios legislara el ajuste fino del universo para que en su momento brotara la vida en el lugar adecuado? No creo que la fuente de la vida sea irrelevante cuando se trata precisamente de ella.

Además, esta segunda opción, la de suponer que la vida es ubicua y aparece siempre que coincidan determinadas condiciones físico-químicas, presenta serios inconvenientes. Sí así fuera, debió surgir varias veces en un planeta tan adecuado para ella como la Tierra. No obstante, ¿por qué existe en todos los seres vivos actuales un solo código genético? ¿Un ADN similar? ¿Unos mismos mecanismos moleculares de transcripción y traducción?

Si la vida aparece al azar por mutaciones aleatorias siempre que puede, lo lógico sería esperar diferentes códigos, diversos mecanismos biológicos y moléculas vitales. Pero la realidad es que tales estructuras son universales y casi idénticas en todos los organismos. Es imposible que las combinaciones ciegas de los átomos y moléculas, si es que la vida apareció muchas veces, dieran lugar siempre al mismo código genético que existe hoy.

Es evidente que una cosa es la ciencia y otra distinta la fe. Curiosamente se nos recuerda a menudo que no se deben mezclar. Sin embargo, ¿es ciencia la ideología naturalista? Buena parte de la sociedad no quiere aceptar que todos dependemos de un creador ajeno a nuestra propia materialidad y prefiere creer que la naturaleza se ha creado sola sin intervención sobrenatural alguna. Pero eso también es fe.

Yo creo que Dios, al ser la fuente providente e inmaterial del ser y de todo objeto material (como el universo y los seres vivos), no requiere de una causa para su existencia, como el resto de los seres por Él creados, independientemente de cómo éstos hayan sido originados. Pienso además que Él es y será siempre relevante, sobre todo cuando se trata de algo tan poco experimentable como el origen de todas las cosas.

El origen de las células

La mayor parte de las teorías científicas intentan describir el mundo mediante modelos adecuados y procuran identificar después mecanismos naturales que sean capaces de dar razón de dichos modelos. Esto es precisamente lo que ocurrió con el estudio de las células de los seres vivos. En 1665, el científico inglés Robert Hooke, mediante un simple microscopio que solo alcanzaba los 30 aumentos, logró observar ciertos poros en el corcho que nunca antes se habían visto, ya que el ojo humano no permite tal definición a simple vista. Como tales poros le recordaron minúsculas celdas o compartimentos aislados, les denominó "células".

A principios del siglo XIX, después de observar miles de organismos bajo lentes microscópicas cada vez más perfeccionadas, ya había suficientes pruebas para definir la primera parte de la llamada "teoría celular". A saber, que *todos los seres vivos estamos formados por células*. Desde las minúsculas bacterias hasta las enormes secuoyas o las ballenas azules, a todos nos constituyen los mismos ladrillos básicos. Unos organismos estarán hechos por una única célula (unicelulares) mientras que otros (pluricelulares) poseerán trillones de tales estructuras.

De manera que la célula se perfilaba como un pequeño compartimento muy organizado, que contenía sustancias químicas concentradas en una solución acuosa, y envuelto por una membrana delgada y flexible (membrana plasmática). La vida resultaba posible gracias a las reacciones químicas que tenían lugar dentro de esos dos minúsculos reductos denominados citoplasma y núcleo. Además, la inmensa mayoría de ellas eran capaces de dividirse y elaborar células hijas que eran como fotocopias de sí mismas.

La segunda parte de la teoría celular tiene que ver con el origen de las células y afirma que *toda ellas provienen de otras células previas*. Nunca se ha visto surgir una célula de algo que no fuera también otra célula. Ninguna célula conocida es capaz de aparecer de forma espontánea, sino que se produce cuando otras células anteriores crecen y se dividen. Esto fue lo que comprobó el químico y bacteriólogo francés, Louis Pasteur, en 1864, refutando así la teoría de la generación espontánea y demostrando que todo ser vivo procede de otro ser vivo anterior (*omne vivum ex vivo*).

Hasta entonces se sostenía que ciertas formas de vida podían surgir de manera espontánea a partir de la materia orgánica, inorgánica o de una combinación de ambas. Pero los famosos experimentos de Pasteur, con matraces de cuello recto y de cuello de cisne, dieron al traste con la generación espontánea convenciendo a toda la comunidad científica de que las células solo pueden nacer de otras células preexistentes y no espontáneamente de materia no viva, como hasta entonces se pensaba.

La teoría celular completa quedaba así formulada: *todos los seres vivos están hechos de células, y todas las células provienen de otras células anteriores*. Si observamos nuestro propio desarrollo embrionario, cada persona surge de un óvulo femenino fecundado por un espermatozoide paterno. Todas las células de un ser humano se forman a partir de esta única célula que es el producto de la fusión de una célula de cada uno de los progenitores. Se podría decir que todas las células de un individuo descienden de un ancestro común, el óvulo fertilizado. Pues bien, esta realidad biológica fácilmente constatable dio pie a una analogía mucho menos evidente.

El mismo año en que se aceptó la teoría celular se publicó también otra teoría, a la que habían llegado de manera independiente dos naturalistas británicos, Charles Darwin y Alfred Russell Wallace. En efecto, era la famosa teoría de la evolución de las especies. Este nuevo planteamiento asumió que de la misma manera que todas las células de un organismo derivan de una sola célula antecesora común, el óvulo materno, también las distintas especies biológicas debían estar vinculadas a un hipotético ancestro común.

Como es sabido, la teoría celular y la teoría de la evolución aportaron las dos ideas fundamentales sobre las que todavía hoy se sustenta la Biología: la célula es la unidad estructural básica de todos los organismos y las distintas especies biológicas -que habrían cambiado con el tiempo por selección natural-estarían relacionadas por ancestros comunes hasta llegar a la primitiva célula original. La primera tesis es comprobable, unánimemente aceptada y evidente en sí misma, mientras que la segunda resulta hipotética, indemostrable de forma definitiva y sumamente especulativa ya que sigue generando debates en la actualidad.

En los manuales de biología que se emplean hoy en la mayoría de las universidades del mundo, el asunto del origen de las células se da por supuesto dentro del marco hipotético de la evolución química de la vida. Pueden leerse introducciones como ésta: "... la evolución biológica comenzó con una molécula de RNA que podía copiarse a sí misma. A medida que la descendencia de esta molécula se multiplicaba en el caldo prebiótico, la selección natural habría favorecido versiones de esta molécula que fueran especialmente estables y eficaces en la catálisis. Otro gran hito de la historia de la vida fue cuando un descendiente de este replicante se rodeó de una membrana. Este acontecimiento creó la primera célula y, por tanto, el primer organismo."[2]

Pues bien, no existe ninguna evidencia de que esto fuera así pero se asume y enseña a los estudiantes porque lo exige el guión evolucionista. No se les dice ni una sola palabra de las múltiples dificultades que plantea la supuesta evolución química. Ni que, a pesar de las numerosas hipótesis propuestas después de más de un siglo de investigaciones en esta área, el origen de la primera célula continúa envuelto en el misterio.

La mayor parte de los estudiosos del origen de la vida piensa que resulta matemáticamente imposible que ésta se originara exclusivamente como consecuencia de la casualidad. Cuando se realizan los oportunos cálculos, con el fin de comprobar las posibilidades de que una determinada secuencia proteica, o de cualquier ADN, se formara solamente por azar, se comprueba invariablemente que semejante eventualidad roza el límite de lo imposible.

En este sentido, Francis Crick, uno de los descubridores de la estructura helicoidal del ADN, manifestó en 1982: "Un hombre

2. Freeman, S. *Biología*, 2009, Pearson Educación, Madrid, p. 95.

honesto, armado con todo el conocimiento disponible para nosotros hoy, solo podría decir que el origen de la vida parece ser, en
este momento, casi un milagro, tantas son las condiciones que han
tenido que satisfacerse para comenzarla".[3] Después de más de tres
décadas, las cosas no han cambiado en absoluto.

Desde los primeros coacervados de Oparin, el caldo primordial de
Haldane, el famoso experimento de Miller-Urey, las microesferas de
Fox, las hipótesis de que primero fue el metabolismo enfrentadas a
las de los partidarios de que primero fueron los genes, las playas ra-
diactivas, la teoría de la burbuja, la de la arcilla, la de las enigmáticas
leyes de autoorganización y hasta la última del mundo de ARN, todo
han sido intentos frustrados por demostrar que efectivamente la evolución química desde la materia muerta a la primera célula viva fue
una realidad. Tal diversidad de hipótesis naturalistas que pretenden
explicar cómo pudo ser el origen de la vida pone de manifiesto el evidente callejón sin salida en que se encuentran estas investigaciones.

El problema es que para que una molécula sea capaz de duplicar-
se a sí misma (autorreplicarse), como hacen el ADN y el ARN de las
células de todos los seres vivos, y entrar en el juego de la hipotética
selección natural prebiótica, necesita de una información previa, así
como de otras moléculas proteicas y ácidos nucleicos, que también
poseen información. Este es precisamente el gran dilema que debe
explicar toda teoría sobre los orígenes. ¿Cómo aparecieron los sistemas capaces de autorreplicarse si, para hacerlo, necesitan de otros
subsistemas equivalentes que también poseen la información imprescindible para permitirlo? Esta cuestión no ha podido responder-
se todavía.

El naturalismo suele admitir esta realidad pero confía en que algún día la ciencia de la evolución resolverá el problema. Esto es lo que
dice, por ejemplo, el físico y filósofo ateo, Martín López Corredoira:
"el origen de la vida tiene ciertas lagunas (…), pero se entiende que
el funcionamiento de la vida entra dentro del marco de una descripción materialista en la química del carbono."[4] Decir que el origen de
la vida tiene ciertas lagunas es verdaderamente quedarse muy corto.

Ni siquiera se conoce el origen de los componentes más básicos
de las células. No se sabe cómo aparecieron las proteínas, ni el ARN,

---

3. Crick, F., *Life Itself: Its Origin and Nature*, 1982, Futura, London, pp. 89-93
4. Soler, F. y López Corredoira, M., *¿Dios o la materia?*, 2008, Áltera, Barcelona, p. 82

ni tampoco el ADN. Se trata del mismo problema del huevo y la ga-
llina. ¿Qué fue primero? El ADN es imprescindible para fabricar
proteínas, pero éstas se requieren también para elaborar ADN. ¡Y
tales macromoléculas biológicas son solamente el primer paso en la
explicación del origen de la vida celular!

Es cierto que las reacciones químicas que se dan en el interior de
las células son del tipo de las que se conocen en la química del carbono, pero esto no significa que la vida pueda reducirse solo a eso.
Pura química. Al fin y al cabo, nosotros, que también somos seres
vivos constituidos por células, poseemos además la dimensión de la
conciencia. Y ésta, desde luego, no puede reducirse a simple química. El hecho de que el funcionamiento físico-químico de las células
nerviosas del cerebro humano permita nuestra actividad consciente no significa que dichas neuronas expliquen satisfactoriamente la
propia conciencia.

En fin, nuestra experiencia humana nos sugiere que la creación
de información está siempre relacionada con la actividad de la conciencia inteligente. La música que hace vibrar nuestros sentimientos nace de la sensibilidad consciente del músico. Todas las obras
de arte de la literatura universal se gestaron en la mente de sus
escritores. De la misma manera, las múltiples habilidades de las
computadoras fueron previamente planificadas por los ingenieros
informáticos que realizaron los diversos programas. La información, o complejidad específica, hunde habitualmente sus raíces en
agentes inteligentes humanos. Al constatar el fracaso de las investigaciones científicas por explicar, desde las solas leyes naturales,
el origen de la información que evidencia la vida, ¿por qué no
contemplar la posibilidad de que ésta se originara a partir de una
mente inteligente?

En mi opinión, la hipótesis del diseño es la más adecuada para
dar cuenta del origen de la información biológica y, por tanto,
de las células. Cuando se ha intentado responder al enigma de la
vida desde todas las vías materialistas y se ha comprobado que
conducen a callejones sin salida, ¿por qué no admitir que el origen
de la misma se debió a la planificación de un agente inteligente superior al ser humano? Quizás el naturalismo metodológico
de la evolución no sea un buen método científico para encarar
adecuadamente el problema de lo que verdaderamente ocurrió
al principio.

ADN basura: el error neodarwinista

A veces, los prejuicios ideológicos pueden entorpecer la investigación científica en su búsqueda de la verdad. Esto es lo que parece haber ocurrido con el mal llamado "ADN basura" y la cosmovisión evolucionista de la vida. Desde tal perspectiva, se justificaba hasta hace tan solo unos cuatro o cinco años que existiera tanta basura inservible en los genomas de los seres vivos, incluido también el nuestro.

Se decía que eran restos fósiles de un pasado funcional que en la actualidad habrían dejado de ser útiles. Por ejemplo, en el famoso libro *El gen egoísta*, hace ya cuarenta años, el biólogo Richard Dawkins lo expresaba así: "El verdadero 'propósito' del ADN es sobrevivir, ni más ni menos. La manera más simple de explicar el excedente de ADN es suponer que es un parásito o, en el mejor de los casos, un pasajero inofensivo pero inútil, que se hace llevar en las máquinas de supervivencia creadas por el otro ADN."[5]

Casi treinta años después, sosteniendo todavía esa misma línea de pensamiento, retaba a los defensores del diseño diciéndoles que si existía un Dios creador por qué iba a ensuciar nuestros genomas con pseudogenes que no se traducen y con tanto ADN basura repetitivo.[6] Incluso en el 2009 llegó a decir que más del 90% del genoma humano no sirve para nada y que aunque no estuviera ahí podríamos seguir viviendo perfectamente bien.[7]

Desde luego, Dawkins no era el único científico que pensaba así. Otros grandes biólogos, como Francis Crick, que ganó el premio Nobel por su identificación de la estructura del ADN, así como Leslie Orgel, el eminente investigador del origen de la vida, también coincidían en decir que sería una insensatez empeñarse en buscarle obsesivamente una función al ADN basura.[8]

Sin embargo en el 2012 las cosas empezaron a cambiar. Muchos investigadores comenzaron a matizar sus opiniones y a aceptar la

---

5. Dawkins, R., *El gen egoísta,* 1979, Labor, Barcelona, p. 75.

6. Dawkins, R., *A Devil's Chaplain: Reflections on Hope, Lies, Science, and Love,* 2004, Mariner Books, p. 99.

7. Dawkins, R., *The Greatest Show on Earth: The Evidence for Evolution,* 2009, Free Press, p. 333.

8. Orgel, L. & Crick, F., "Selfish DNA: the ultimate parasite", 1980, *Nature,* 284:604-706 (April 17, 1980).

posibilidad de que el ADN basura, después de todo, pudiera tener alguna función importante en la célula. ¿Qué fue lo que provocó tal cambio? La publicación de los resultados del proyecto ENCODE. Un trabajo de investigación conjunto en el que participaron cientos de científicos de diversas instituciones.

ENCODE es un acrónimo derivado de *Encyclopaedia of DNA Elements*[9]. Sus conclusiones son suficientemente claras y desmienten la teoría del ADN basura. Es como si una bomba hubiera estallado en todos los laboratorios de biología molecular del mundo impregnando las paredes con posters multicolores que dijeran que al menos el 80% del ADN posee funciones bioquímicas fundamentales.

Semejante revolución en la interpretación del genoma está obligando a muchos científicos a cambiar la cosmovisión darwinista que sostenían hasta ahora. Incluso el propio Richard Dawkins se vio en la necesidad de apelar a aquello de "donde dije digo, digo Diego". En septiembre del 2012, una semana después de conocerse los resultados del ENCODE, en un debate con el rabí jefe de Gran Bretaña, declaró que dichos resultados eran en realidad lo que el darwinismo predice: "Hay algunos creacionistas que están entusiasmados con ENCODE porque creen que es una dificultad para el darwinismo. Bien al contrario, naturalmente, es exactamente lo que un darwinista esperaría: encontrar utilidad en el mundo de lo viviente".[10] Con esta breve declaración, Dawkins pretendía borrar las décadas en las que afirmaba todo lo contrario, que el ADN era pura basura.

Para entender bien la diferencia entre ADN útil e inútil, que es la que motiva toda la polémica, es menester empezar por el principio. ¿Qué es el ADN? La famosa macromolécula de la vida, el ácido desoxirribonucleico, se parece -como es bien sabido- a una escalera de caracol. Los pasamanos estarían constituidos por un largo esqueleto de ácido fosfórico y azúcar (desoxirribosa), mientras que los peldaños serían comparables a las cuatro bases nitrogenadas (adenina, timina, citosina y guanina), unidas de dos en dos.

Si se pudiera extender y unir todo el ADN que hay en los 46 cromosomas del núcleo de una célula humana, alcanzaría aproximadamente

---

9. Puede encontrarse abundante material sobre ENCODE en http://www.nature.com/encode/

10. Dawkins, R., 2012, "Jonathan Sacks and Richard Dawkins at BBC RE: Think festival, 12 September 2012 (http://www.youtube.com/watch?v=roFdPHdhgKQ)": 13:18-14:10.

unos dos metros de longitud. Resulta sorprendente que todo este ADN quepa en una pequeña bolita de apenas una centésima de milímetro, que es el diámetro del núcleo. Esto es comparable a introducir un hilo de la altura del Everest en una pelota de golf. ¡Un trabajo increíblemente minucioso!

Si se intentara realizar un modelo a escala del ADN, en el que los distintos peldaños de bases tuvieran una altura de 25 centímetros cada uno, dicha escalera tendría una longitud de 75 millones de kilómetros. Es decir, más o menos, la distancia media que hay entre la Tierra y Marte (teniendo en cuenta la variación producida por las órbitas). Todo esto nos da una idea de la enorme longitud de esta molécula que los humanos heredamos de nuestros padres.

Tres mil millones de bases de nuestra madre y otro tanto del padre se unen durante la fecundación para formar nuestro genoma único. Dicho patrimonio hereditario es como un alfabeto muy sencillo ya que está formado solo por cuatro letras: A, T, C y G. Sin embargo, contiene la información necesaria para hacernos como somos. El ADN puede compararse también al guión de una película. Resulta muy monótono, si se lo lee letra por letra o palabra por palabra, pero adquiere todo su significado cuando es bien interpretado y produce proteínas para realizar todas las funciones vitales.

Los genetistas sabían desde el pasado siglo XX que existen básicamente dos tipos de ADN en el núcleo de las células. Ambos unidos íntimamente entre sí. Uno, considerado bueno porque se conocía su función, era el que contenía la información necesaria para producir (codificar) proteínas. Como es sabido, éstas son las que nos permiten respirar, alimentarnos, eliminar residuos, reproducirnos y, en fin, realizar todas aquellas actividades características de los seres vivos.

Mientras que el otro ADN, el malo de la película, al no reconocérsele ninguna función relevante puesto que no codificaba proteínas, se consideraba como desecho genético y así se le denominó despectivamente "ADN basura". Desde la creencia darwinista, se supuso que si no poseía genes capaces de formar proteínas tampoco debía servir para nada más. Estaba ahí en nuestros genomas como un resto de ADN antiguo que quizás tuvo alguna función en el pasado evolutivo pero que en el presente carecía de utilidad. A lo sumo, podría considerarse como el embalaje protector del ADN bueno. Una especie de minúsculo *porexpan*.

Cuando se completó la secuenciación del genoma humano (el orden de las bases nitrogenadas que lo componen), en el año 2001, se descubrió que más del 98% de nuestro ADN era precisamente este tipo de supuesta "basura" genética que no formaba proteínas. Por lo que solamente el 2% restante contenía los genes que sí servían para fabricarlas. Hasta entonces casi todo el edificio de la genética se había construido sobre este reducido fundamento del dos por ciento. Desde luego esto era algo que resultaba notablemente sorprendente y, hasta cierto punto, sospechoso.

Por poner un ejemplo clarificador, era como si en una fábrica de automóviles que tuviera cien empleados sólo trabajaran dos personas montando los autos, mientras las 98 restantes estuvieran sentadas con los brazos cruzados, mirando a los dos mecánicos sin hacer absolutamente nada. Algo verdaderamente insólito. ¡Más o menos como lo que dicen que pasa en España con aquellos jubilados que se dedican a mirar obras públicas!

Lo cierto es que durante mucho tiempo los genetistas no han tenido una explicación de por qué una proporción tan grande de nuestro ADN no fabrica proteínas. Si se tratara de basura genética que no sirve para nada, ¿por qué iba la selección natural a pagar el coste funcional de conservar un 98% de tal desperdicio sin función alguna?

Se cree que un adulto humano está formado por entre 50 y 70 billones de células que se dividen muchas veces para dar lugar a otras células hijas. Cada vez que una célula se duplica tiene que copiar primero todo su ADN. Estas divisiones suponen un gran trabajo y un gran coste energético para las células como para tener que arrastrar encima el peso de tanta basura genética. ¿Cuál sería la razón de semejante cantidad de ácido nucleico inservible?

La teoría del aislamiento, que supuso que el ADN basura solo servía para aislar y proteger a los valiosos genes productores de proteínas, fue un intento de respuesta. Sin embargo, ¿era este el único papel del ADN no codificante? Cuando se compara la complejidad del ser humano con la del resto de los seres vivos, se constata que el número de los genes útiles es insuficiente para explicarla.

Las diferencias anatómicas, fisiológicas, intelectuales, conductuales y espirituales no se pueden esclarecer recurriendo a los genes. Los humanos tenemos aproximadamente la misma cantidad de genes productores de proteínas que un nematodo, que es un simple gusano microscópico, o que la pequeña mosca de la fruta. Solamente unos 20.000. No obstante, los gusanos o las moscas no construyen ciudades, no crean cantatas, ni escriben libros, ni fabrican esculturas o juegan al tenis. ¿Cuál es, pues, la razón molecular de nuestra singularidad biológica?

Al contrastar el ADN del hombre con el del gusano o la mosca se descubre una gran diferencia. No en la estructura o complejidad de los genes sino precisamente en la cantidad de ADN basura. Lo que nos diferencia de los animales inferiores es, ni más ni menos que, el tamaño de este genoma supuestamente inservible. Poseemos una proporción extraordinaria de ADN (98% del total) que no codifica proteínas. ¿No radicará ahí la clave de nuestra complejidad? ¿No poseerá funciones fundamentales ignoradas hasta ahora?

Parte de la solución se encuentra en un fenómeno genético llamado *splicing* (corte y empalme) que usa el ADN basura para hacer que las células humanas sean capaces de producir mayor diversidad de proteínas que las de los organismos inferiores, a partir de un solo gen. Pero esto es solamente la punta del iceberg.

Gracias al proyecto ENCODE hoy sabemos que aunque el ADN basura no codifique proteínas hace, sin embargo, mil cosas diferentes y necesarias para el buen funcionamiento celular. Los 98 operarios de la factoría automovilística, en la analogía anterior, no están ni mucho menos inactivos. Es verdad que no montan coches pero hacen otras muchas cosas para que la fábrica funcione bien. Actividades como, por ejemplo, obtener financiación, llevar la contabilidad, promocionar los autos, tramitar los salarios de los empleados, limpiar las instalaciones y los aseos, vender los coches, etc. Pues bien, algo parecido a esto es lo que hace el ADN basura en nuestro genoma y continuamente se le están descubriendo nuevas funciones.

Es cierto que no forma proteínas pero tiene importantes actividades estructurales (impide que el ADN se deshilache o dañe, empaquetándolo y reparándolo) o funcionales (forma ARN que "retoca" la gestión del genoma como si fuera un "interruptor" que conectara o desconectara genes). El ácido ribonucleico ribosómico (ARNr) que constituye los más de diez millones de ribosomas que posee cada célula es, de hecho, ARN basura que le permite a estos minúsculos robots sintetizar proteínas, uniendo aminoácidos a un ritmo vertiginoso de 200 por segundo. Cosas que, desde luego, la basura no suele hacer. Muchos genetistas creen que aunque puedan haber algunos genes repetitivos sin función, la mayor parte del ADN basura es, ni más ni menos, que la fuente de la complejidad biológica humana.

Sin embargo, no todos los evolucionistas han aceptado los descubrimientos del ENCODE. Muchos los ignoran y siguen abrazando la teoría del ADN basura porque no están dispuestos a admitir que durante cien años han estado equivocados. Aceptar estos resultados supondría confesar que su biología evolutiva materialista se sustentaba en un grave error.[11]

Pero, por otro lado, los proponentes del Diseño inteligente creen que si existe un Dios creador que nos ha diseñado en base a un plan sabio, lo lógico sería esperar que el 98% de nuestro ADN sirviera para algo y que, de ninguna manera, fuera basura genética en su totalidad. Y esto es precisamente lo que se ha descubierto.

Sorpresas del genoma humano

¿Cómo está hoy la reciente disciplina de la *genómica comparada* (que estudia las semejanzas y diferencias entre los genomas de los diferentes organismos), particularmente entre humanos y chimpancés? ¿Cuáles son los nuevos datos que aporta? ¿Es cierto -como suele afirmarse desde el darwinismo- que tales constataciones imponen la conclusión de que el hombre y los simios actuales derivan de un antepasado común? ¿No caben otras posibles explicaciones?

Los nuevos descubrimientos genéticos no obligan necesariamente a asumir la cosmovisión evolucionista al azar sino que permiten ser interpretados también desde la perspectiva del Diseño inteligente. Es decir, desde la cosmovisión teísta que acepta la necesidad de un creador sabio que organizó el cosmos meticulosamente y de manera no aleatoria.

¿Un ADN bueno y otro malo?

La genética es una de las ciencias biológicas que más sorpresas está dando en los últimos años, desde que en 2001 se finalizó la

---

11. Carey, N., *ADN basura: un viaje por la materia oscura del genoma humano*, 2016, Buridán, Barcelona, p. 208.

secuenciación del genoma humano. Es sabido que solamente el 2% de nuestro ADN es capaz de transcribirse a ARN y traducirse después para elaborar proteínas. De ahí que se le llame ADN codificante. Pero lo que resultaba sorprendente es que el resto (el 98%), al no fabricar proteínas, no sirviera para nada más.

Desde la cosmovisión evolucionista, inmediatamente se supuso que tan enorme cantidad era basura genética inservible que se habría acumulado a lo largo de las eras. Se pensó que quizás en el pasado pudo ser útil pero en la actualidad habría perdido sus funciones. Quizás su análisis solo podía servir para elaborar árboles filogenéticos de las distintas especies que corroboraran los construidos mediante el registro fósil.

El ADN basura podría ser, después de todo, un buen fósil genómico útil para contrastar el hipotético árbol de la evolución, basado en los fósiles pétreos. (Por desgracia, es una práctica habitual del darwinismo descartar los ejemplos contradictorios con la teoría y publicitar solo aquellos que parecen confirmarla. Veremos, en su momento, algunos de los más relevantes hechos que la contradicen).

A pesar de todo, la gran sorpresa para la genética contemporánea, tal como hemos señalado, ha sido descubrir que este ADN no codificante sí sirve y mucho más de lo que se podría imaginar desde el evolucionismo. Los descubrimientos sobre este mal llamado ADN basura ponen de manifiesto la increíble relevancia que tiene como regulador de la actividad de los genes codificadores de proteínas. Muchos genetistas creen que es, ni más ni menos, la fuente de la complejidad biológica humana.

Los pulpos tienen más genes que nosotros

Otra sorpresa de la genómica se dio al comparar el número de genes del hombre con el de los demás organismos. De nuevo, las expectativas darwinistas suponían que, según la complejidad de nuestra especie, seguramente teníamos muchos más genes que los demás seres vivos, considerados más simples. La distancia genética que supuestamente nos separa de la primitiva célula debía ser mayor que la que separa, por ejemplo, a los pulpos o a cualquier otro invertebrado y, por tanto, nuestros genes debían haber cambiado más y aumentado en número.

De hecho, la mayoría de los principales grupos animales (filos), como esponjas, pólipos y medusas, moluscos, artrópodos, equinodermos, anélidos, etc., se conocen fósiles desde el Cámbrico, mientras que los homínidos son mucho más recientes. En ese antiguo período geológico surgen de repente casi cincuenta grandes filos sin que existan precursores evidentes (la famosa explosión del Cámbrico).[12]

Pues bien, los descubrimientos genéticos demuestran que esto tampoco es así. No tenemos más genes que los animales inferiores. Nosotros poseemos entre 20.000 y 25.000 genes, mientras que los pulpos tienen 33.000 y los minúsculos gusanos nematodos (*Caenorhabditis elegans*), de tan solo un milímetro de longitud, unos 20.200 genes. No solo compartimos con los gusanos aproximadamente el mismo número de genes sino que tales genes tienden a producir (codificar) las mismas proteínas.

Esto significa que, aunque existen diferencias, todos estamos constituidos por las mismas "librerías" genéticas y proteicas fundamentales. No solo compartimos numerosos genes con los chimpancés sino también con ratones, peces, moscas de la fruta, gusanos y microbios. Por tanto, es evidente que las desigualdades entre el *Homo sapiens* y los demás animales no están causadas por tener más genes, diferentes o superiores, como antes se pensaba. ¿Qué es entonces lo que produce tales diferencias?

El único rasgo del genoma que se hace mayor a medida que los organismos son más complejos es curiosamente la parte que no produce proteínas. Efectivamente, el menospreciado ADN basura. Si las bacterias solamente poseen un 10% de éste, nosotros y los ratones gozamos de un 98%. La diferencia es notable y significativa.

De manera que solamente el 2% del ADN humano se emplea para fabricar los miles de proteínas distintas que nos permiten realizar todas las funciones vitales. Mientras que el otro 98% que no codifica proteínas o no codificante (ADNnc) -el antiguo ADN basura- tiene una importancia fundamental para el buen funcionamiento de las células. Es cierto que éste no forma proteínas pero sí genera ácidos ribonucleicos no codificantes (ARNnc) pero funcionales, ya que sirven para realizar muchísimas actividades a nivel celular. Algunos investigadores piensan que estos ARNnc son precisamente los rasgos genéticos que hacen posible el funcionamiento del cerebro y

12. Gould, S. J., *La vida maravillosa*, 1991, Crítica, Barcelona.

permiten los procesos mentales superiores del ser humano.[13] Esto supone todo un cambio de paradigma en el seno de la genética.

Durante 40 años los biólogos moleculares y genetistas han estado centrados casi exclusivamente en el estudio de los genes que codifican proteínas (insisto, solo el 2% del ADN) y en las propias proteínas, sin embargo, lo más importante para entender a los seres vivos no estaba ahí. Resulta que la clave de todo radica precisamente en el supuesto ADN basura (98% del ADN), que se transcribe a ARNnc, el que controla y regula la expresión de los genes.

El que conecta o desconecta cada gen para que actúe o deje de hacerlo; protege y repara el ADN; facilita la tarea de los ribosomas en su vertiginosa síntesis de proteínas y, en fin, constituye la fuente de la complejidad biológica de cada ser vivo de este planeta. Aunque en nuestro genoma pueda haber algunos pocos genes repetitivos o aparentemente sin función, la mayor parte de este ADN no codificante es completamente funcional. De hecho, las revistas científicas especializadas no paran de publicar trabajos que evidencian cada vez más funciones importantes de determinados trozos del ADN basura.

Por supuesto que estas sorpresas de la genética pueden adecuarse a la teoría darwinista, reinterpretando las falsas previsiones de la misma en relación al supuesto ADN basura inútil o diciendo, por ejemplo, que el número de genes que compartimos con otros animales justifica la idea de que descendemos de antepasados comunes. De hecho, esto es lo que suele hacer habitualmente el evolucionismo: adaptar los nuevos datos a la teoría.

No obstante, tales descubrimientos también pueden interpretarse desde los planteamientos del Diseño inteligente. En esta otra perspectiva, lo lógico sería esperar que no hubiera tanto ADN basura y que cada estructura orgánica tuviera su función concreta ya que habría sido planificada para ello. Lo cual no significa que no pudieran darse, mutaciones, degeneraciones u órganos atrofiados pero éstos serían siempre anomalías excepcionales y no lo habitual.

El diseñador podría haber empleado similares genes y determinados trozos de ADN no codificante para lograr una gran variedad de seres distintos, en función de sus particulares ambientes y necesidades biológicas. El hecho de que diversos organismos compartan muchas funciones fisiológicas, como alimentarse, respirar, conducir

---

13. Mattick, J.S., *BioEssays*, 2010, 32: 548-552.

oxígeno a todas las células, excretar, reproducirse, etc. justifica que presenten genomas similares o proteínas idénticas y no demuestra necesariamente una descendencia común.

El diseñador pudo emplear librerías de código para los mismos usos, tal como hace un ingeniero de software que usa librerías de instrucciones idénticas en diferentes programas (por ejemplo, una hoja de cálculo, una base de datos o un programa de dibujo). Los nuevos datos genéticos evidencian previsión e inteligencia y, por tanto, concuerdan con la hipótesis de un diseñador original.

La epigenética: ¿Darwin o Lamarck?

La tercera gran sorpresa la constituye el descubrimiento de la epigenética. Es decir, el hecho de que los cambios en el medioambiente sean capaces de alterar la biología de los seres vivos y que, además, esa biología alterada -en forma de rasgos o enfermedades- se transmita a las generaciones siguientes.[14] Esto no sería darwinismo sino lamarckismo. Sin embargo, los darwinistas han venido vilipendiando a Lamarck, y a todo aquel que defendiera sus ideas, durante la totalidad del siglo XX. ¿Qué pueden decir ahora?

Algunos evolucionistas empiezan a reconocer que el ritmo de las mutaciones al azar en el ADN, que propone el darwinismo como causa de la evolución, aunque éstas sean seleccionadas por el ambiente, es demasiado lento para explicar muchos de los cambios observados.[15]

A pesar de los mecanismos propuestos por el evolucionismo para compensar esta dificultad, como la *deriva genética* (en la que supuestamente unos grupos pequeños de individuos sufren un gran cambio genético) o la *epistasia* (en la que un grupo de genes suprimiría a otro), etc., lo cierto es que, incluso admitiendo todos esos mecanismos, los ritmos de las mutaciones genéticas para organismos complejos como el *Homo sapiens* son muchísimo más bajos que la frecuencia de cambio que requieren nuestras características anatómicas y fisiológicas, desde los ajustes metabólicos hasta la resistencia a las enfermedades. Las cifras no encajan y los matemáticos lo venían

---

14. http://protestantedigital.com/magacin/12493/La_epigenetica_proxima_frontera_del_Disentildeo_inteligente

15. https://aeon.co/essays/on-epigenetics-we-need-both-darwin-s-and-lamarck-s-theories

diciendo desde hace tiempo: las mutaciones son demasiado lentas para explicar la evolución.

Precisamente aquí es donde entran en acción los nuevos descubrimientos de la epigenética que vienen a contradecir la teoría darwinista. Los cambios en los seres vivos no son el producto de errores aleatorios sino de mecanismos biológicos complejos y exquisitamente programados. No son fenómenos lentos sino rápidos. No es una mutación en particular lo que se selecciona sino cambios simultáneos a través de la población. Y esto no es evolución al azar.

El hecho de que los dispositivos epigenéticos aparezcan en una amplia gama de especies y estén tan bien conservados es una mala noticia para el darwinismo porque éste debería explicar cómo estos increíbles mecanismos epigenéticos aparecieron aleatoriamente en una época tan temprana en la historia de la evolución y, además, no cambiaron casi nada a pesar de que el medioambiente sí lo hiciera continuamente.

¿Cómo es posible que surgieran por casualidad y se conservaran tales mecanismos epigenéticos, teniendo en cuenta que solo iban a ser de utilidad en algún tiempo desconocido del futuro, cuando las condiciones del medio así lo requirieran? ¿Por qué iba la selección natural a conservar unos mecanismos inútiles durante millones de años?

Seguramente el evolucionismo inventará historias para explicar cómo aparecieron estos mecanismos epigenéticos. Dirá cosas tan ridículas e indemostrables como que pudieron surgir de partes preexistentes que al principio se usaban para otros fines (el argumento de la *exaptación* o *cooptación*) pero que con el tiempo el azar les proporcionó otras funciones. Todo menos admitir que la teoría de Darwin está siendo seriamente cuestionada por los nuevos descubrimientos de la genética.

En resumen: estas tres sorpresas científicas introductorias que acabamos de señalar contradicen los planteamientos evolucionistas clásicos, de selección natural de mutaciones al azar, y apoyan la idea opuesta de un diseño previo inteligente de los seres vivos.

¿Bichitos contra Dios?

Algunos divulgadores de la ciencia saben bien que usar el nombre de Dios en vano, para encajarlo en sus artículos, es una práctica capaz de captar muchos más lectores. Incluso aunque semejante referencia sea del todo innecesaria o tenga poco que ver con el tema fundamental del trabajo en cuestión. Y es que, en el fondo, a las personas nos interesa todo aquello que se refiera a Dios, tanto si se cree en su existencia como si no.

En este sentido, me llama la atención un reciente artículo publicado en *elpais.com* (13.06.2016) y titulado: "El bichito que planta cara a Dios". Sin el menor atisbo de sonrojo, su autor nos espeta de entrada que un minúsculo animal del plancton marino, el *Oikopleura dioica*, "coloca al ser humano en el lugar que le corresponde: con el resto de los animales" y, por si esto fuera poco, además "hace que el discurso de las religiones se tambalee". Al parecer, a esto se le llama hoy "divulgación científica".

¿Qué misteriosas propiedades presenta tal tunicado, de apenas tres milímetros, para retar a Dios y provocar semejantes seísmos religiosos? No es lo que tiene sino, más bien, lo que no tiene. Resulta que la mayor parte de los animales usan el ácido retinoico (un derivado de la vitamina A) para indicarles a las células de sus embriones qué deben hacer en cada momento con el fin de generar al animal adulto. Este ácido activa los genes necesarios que formaran las extremidades, el corazón, la columna vertebral o las orejas del recién nacido. Pues bien, en el *Oikopleura dioica* se ha descubierto que no existe tal ácido retinoico, es más, ni siquiera presenta la cascada de genes necesaria para fabricarlo. ¿Cómo se construyen entonces los diferentes órganos de los ejemplares adultos? De momento, nadie lo sabe, aunque es evidente que debe tratarse de algún mecanismo bioquímico diferente del hasta ahora conocido en los demás seres vivos. Hay que seguir investigando.

¿Demuestra esto que Dios no exista o que todas las religiones sean falsas? En España, decimos de alguien que se equivoca mezclando conceptos totalmente dispares, que confunde la velocidad con el tocino. ¿Qué tiene que ver la velocidad del creador con el tocino del *Oikopleura*? ¿Acaso la increíble diversidad y complejidad de la vida, incrementada con cada nuevo descubrimiento científico, no habla claramente de la necesidad de una inteligencia original? A los creyentes se nos suele acusar de querer ver a Dios en todas las cosas, pero, ¿qué puede decirse de la obsesión de algunos investigadores y divulgadores que se acercan a la naturaleza buscando razones para acabar con la existencia de Dios?

Como se ha señalado, el *Oikopleura dioica* es un animalito muy simplificado que forma parte del plancton marino. Tiene boca y ano pero también cerebro y corazón aunque, eso sí, notablemente reducidos. Puede vivir en casi todos los mares templados y cálidos del mundo. Es un tunicado como las ascidias rojas del Mediterráneo, solo que más pequeño y en vez de estar fijo al sustrato, vive como las medusas, de aquí para allá, sin rumbo fijo y dependiendo de la dirección de las corrientes.

Se trata de una especie conocida desde mediados del siglo XIX y de la que se sabía que resiste bien las diferentes temperaturas y concentraciones salinas de las aguas del mar. A los zoólogos nunca se les ha escapado que eran organismos singulares, intuición que se ve ahora confirmada mediante los estudios genéticos. Son tan diferentes de los demás organismos que no resulta extraño comprobar que poseen mecanismos biológicos también distintos y que carecen del 30% de los genes propios de los demás animales, como se acaba de comprobar.

El equipo descubridor de esta ausencia de genes en *Oikopleura dioica*, siguiendo los planteamientos del darwinismo, supone que hace 500 millones de años el último ancestro común entre este tunicado y el ser humano, debía poseer dichos genes que supuestamente nos unían, pero que después se habrían ido perdiendo poco a poco. Desde luego, esto se asume sin pruebas porque lo exige el guión ya que, en otra perspectiva diferente, podría plantearse la cuestión: ¿Realmente *Oikopleuria* perdió el 30% de sus genes o es que quizás no los tuvo nunca?

¿Cabe la posibilidad de que, tanto él como sus congéneres, fueran diseñados así, más o menos con el mismo genoma que muestran hoy y que hayan variado en el tiempo, pero siempre en torno a su determinado plan estructural y genético? Ya sé que esto contradice el paradigma imperante hoy. No obstante, cuando no se dispone de pruebas concluyentes, ¿no es mejor dejar abiertas todas las preguntas?

Es evidente que dicho animalito acuático, a pesar de diferir en ese importante tanto por ciento genético, ha sobrevivido con éxito y ha ganado en la batalla de la selección natural. Hoy puebla los océanos en una proporción de hasta 20.000 individuos por metro cúbico de agua. Semejante triunfo les lleva a nuestros biólogos a una conclusión bastante insólita. La de suponer que la pérdida de genes es el motor de la evolución.

Pero, ¿cómo es posible que al eliminar genes se cree mayor eficacia y complejidad en las especies? Hasta el propio Darwin se revolvería en su tumba. Él afirmó que la evolución biológica avanza gradualmente desde lo simple hasta lo complejo. De la materia inorgánica a las macromoléculas orgánicas, de la sola célula hasta el astronauta que voltea la Tierra. Para perder algo hay que disponer de ello previamente.

¿De dónde surgió todo ese genoma que se perdió después? Decir que la pérdida de genes pudo ser fundamental tanto para Oikopleura como para el propio ser humano, y que quizás nos hizo más inteligentes, aparte de ir contra el sentido común, no explica en absoluto el origen de la complejidad genética original, que sigue demandando un diseño inteligente.

Al reflexionar sobre el reducido genoma de este animal planctónico, el artículo concluye que no hay animales superiores ni inferiores ya que todos estamos construidos por las mismas piezas de *Lego*, solo que montadas de diferente forma. El biólogo Cristian Cañestro sentencia: "Hemos estado mal influenciados por la religión, pensando que estábamos en la cúspide de la evolución. No lo estamos. Estamos al mismo nivel que el resto de los animales". Actualmente suelen estar de moda estas afirmaciones tendentes a confundir la esencia del ser humano.

Que estemos formados por átomos y genes no significa que se nos pueda reducir solo a eso. No conozco a ningún *Oikopleura* que haya puesto satélites artificiales en la órbita del planeta azul, o escrito algo parecido a *El Quijote*, o compuesto cantatas como las de Bach. Sí me consta, en cambio, que todos estos organismos del plancton continúan viviendo como inconscientes espermatozoides gigantes, pululando a la deriva por los diversos mares del mundo.

Afortunadamente, Dios permanece siempre al margen de tales críticas. Ningún bichito, teoría o descubrimiento humano, por raros que sean, podrán jamás desbancarle. Él es la fuente necesaria e insustituible del ser y sin su sustento providente no habría nada de nada. Ni plancton, ni biólogos, ni universo. Si nuestros corazones prosiguen latiendo es porque el creador todavía no ha cerrado su mano.

El cosmos no se ha podido crear a sí mismo a partir de la nada. La nada de los físicos no es la nada de Dios. De manera que la causa de la existencia del universo y de los seres que éste contiene, como nosotros mismos, no es una cuestión adecuada para la ciencia. Solamente la filosofía y la teología pueden ofrecer alguna respuesta. Pero muchos no se resignan a esta realidad y, como si fueran niños, siguen lanzándole bichitos a Dios.

Ley natural *versus* milagro divino

Existe hoy en la sociedad occidental la creciente creencia de que todos los fenómenos que se dan en la naturaleza pueden ser explicados perfectamente por las ciencias experimentales, dentro del marco materialista de causas y efectos. Y que, por lo tanto, esto no dejaría ningún lugar para milagros ni acciones sobrenaturales. Semejante convicción se predica e inculca en muchos centros docentes contribuyendo al menosprecio de las creencias religiosas de muchos alumnos o, como mínimo, a que éstas solo puedan expresarse dentro del ámbito de lo particular y privado sin ser ridiculizadas.

Los creyentes se ven así excluidos del pensamiento supuestamente progresista, moderno o avanzado y, en muchos casos, terminan por silenciar sus creencias en los ambientes académicos o profesionales. Por desgracia, esta persistente intimidación materialista provoca, a veces, que algunos cristianos pierdan su fe o cuanto menos vivan y actúen como si no la tuvieran. Ahora bien, ¿es cierto que las leyes de la naturaleza, tal como hoy son entendidas por la ciencia, constituyen un marco mecanicista de causas y efectos?

A muchos físicos contemporáneos les parece que la mecánica cuántica no permite tan apresurada conclusión. La concepción de un mundo determinista según el cual todo fenómeno fuera prefijado necesariamente de antemano y, por tanto, todas las acciones estuvieran obligatoriamente preestablecidas, incluso nuestra libre voluntad, choca con los descubrimientos de la física cuántica.

Los numerosos fenómenos imprevisibles que esta disciplina ha descubierto en las entrañas de la materia ponen en entredicho el supuesto determinismo teórico. Tal como señala el físico anglicano John Polkinghorne, partidario del indeterminismo: "en un mundo de verdadero llegar a ser, Dios interacciona con el despliegue de la creación mediante la entrada de información. (…) Dios interacciona con las criaturas, pero no las anula, porque se les ha permitido ser ellas mismas y hacerse ellas mismas."[16] El origen de la información que evidencia el universo sería pues uno de los grandes misterios con los que se enfrenta la ciencia contemporánea.

La antigua visión mecanicista, que concebía el mundo como un mecanismo de relojería en el que todo ocurría por influencia física y no había lugar para la existencia de entidades espirituales, está siendo sustituida por la nueva concepción del mundo que propone el microcosmos de las partículas subatómicas, en el que éstas existen a la vez como corpúsculos (con masa y carga electromagnética) pero también como ondas (dualismo onda-partícula).

Según el principio de indeterminación de Werner Heisenberg, el movimiento de los electrones en torno a un núcleo atómico central no está prefijado sino que es casual e imprevisible ya que depende del azar. Y, al ser esto así, no podemos hacer predicciones certeras sobre el comportamiento futuro del cosmos ya que éste puede variar considerablemente en función de las circunstancias. De manera que, incluso desde el punto de vista de la ciencia física, la concepción mecanicista propia del materialismo dista mucho de ser la opinión mayoritariamente aceptada hoy por los especialistas.

Esto abre la cuestión acerca de la posibilidad de los milagros o la intervención en el mundo de un Dios creador. No es cierto que las leyes de la naturaleza impidan las acciones sobrenaturales en el cosmos -como suele decirse desde el materialismo ateo- sino que es más bien todo lo contrario. Existen numerosos científicos y pensadores actuales que han centrado su especialidad precisamente en tales asuntos. Hay toda una gama de modelos que contemplan la intervención divina en un universo regido por leyes físicas y naturales.

Por desgracia, la mayoría de tales trabajos están en inglés y no se han traducido todavía al español. Me refiero a autores anglosajones como Craig, Polkinghorne, Swinburne, Rusell, Carroll, Plantinga, Dembski, Heller, Peters, Stoeger, Worthing y al español Soler Gil, entre muchos otros. Todos estos escritores contemporáneos coinciden en que el orden racionalmente hermoso que manifiesta el universo es consistente con su origen sobrenatural, debido a la actividad creativa de un Dios sabio que es la Mente o el Logos del universo, y que pudo usar los procesos azarosos de la materia para lograr dicho orden.

16. Soler, F. J., *Dios y las cosmologías modernas*, 2014, BAC, Madrid, p. 216

La cuestión de por qué existe el universo en vez de la nada adquiere de esta manera su pleno significado. El principio antrópico sugiere que la totalidad del cosmos así como las leyes que lo rigen son necesarias para la existencia de la vida inteligente en la Tierra y esto permite pensar que ésta podría ser la máxima expresión de la voluntad de su creador. La mayor parte de los procesos físicos conducen a la racionalidad que lo empapa todo y trasciende lo meramente mecánico.

Las leyes y constantes de la naturaleza están finamente ajustadas, de tal manera que posibilitan el ambiente adecuado para la vida humana, en una brecha de tiempo apropiada para estudiar el universo y para que sea posible la ciencia. Desde luego, el materialismo puede decir que todo esto no son más que casualidades sin sentido. Sin embargo, desde la fe teísta se trata precisamente de aquello que cabría esperar de un Dios inteligente, poderoso y bondadoso. Lo que el naturalismo ve como hechos brutos inexplicables de la naturaleza, en la perspectiva teológica son piezas que encajan perfectamente con los atributos y el plan del Sumo Hacedor que se revela al ser humano.

Los datos que hoy aportan las ciencias experimentales (como la física, cosmología, astronomía, química, biología o neurología), así como los principios filosóficos de la epistemología, ontología, ética, etc., cuestionan seriamente la perspectiva materialista y le generan numerosos problemas lógicos. ¿Cómo es que la capacidad humana para comprender el mundo supera con creces aquello que sería suficiente desde una simple necesidad evolutiva naturalista?

¿Qué valor adaptativo puede tener el conocimiento de cosas tan contraintuitivas como los quarks, la materia oscura o los agujeros negros? ¿Por qué una construcción de la mente humana, como son las matemáticas, describe tan bien el mundo? Desde el materialismo, nada de esto tiene sentido. No obstante, desde la metafísica teísta, la racionalidad del universo y de nuestras mentes solo puede tener su origen en la razón suprema de Dios.

En contra de lo que afirman hoy ciertos científicos materialistas, como el astrofísico Stephen Hawking, el Dios de las religiones monoteístas no es simplemente un creador que hizo explosionar el cosmos y se retiró para descansar indefinidamente. La divinidad que se manifiesta en la Biblia llamó el mundo a la existencia desde la nada absoluta.

Es decir, la doctrina de la creación no es solo un comienzo tempo-ral -como lo sería para algunos modelos cosmológicos actuales- sino que se refiere al origen ontológico de todo lo existente. Dios creó los seres y los mantiene permanentemente. Él sigue siendo hoy tan creador como lo fue al principio. Su providencia no ha cesado en ningún momento.

La teoría cuántica, al demostrar que una vez que dos entidades físicas (como dos partículas cuánticas) han interactuado entre sí per-manecen correlacionadas mutuamente por mucho que puedan lle-gar a separarse, ha desvelado un aspecto muy curioso e inesperado de la naturaleza. Se trata de la llamada "relacionalidad". Una pro-piedad que exalta la comunidad a pesar de la separación.

Nada en la materia puede considerarse ya aislado del entorno. Hay que pensar el mundo en términos holísticos, en la integración total y global de todo y todos con aquello que nos rodea. La natura-leza se resiste al reduccionismo materialista y parece apostar por los planteamientos de la metafísica teísta ya que ésta siempre predicó -particularmente el cristianismo- la solidaridad, la fraternidad y la relacionalidad. No en vano la doctrina de la trinidad muestra este carácter relacional de Dios.

Otra de las cuestiones que la ciencia no ha podido resolver es el origen de nuestra conciencia. Como dijera Pascal, "somos cañas pen-santes" y esto nos hace mucho más importantes que las estrellas por-que podemos estudiarlas y llegar a conocerlas, mientras que ellas no pueden hacer lo mismo con nosotros ni conocen nada. Es evidente que la autoconciencia humana está relacionada con las neuronas del cerebro pero hay una profunda sima entre ellas y nuestras experien-cias mentales.

La capacidad para percibir el color rojo, por ejemplo, indepen-dientemente de relacionarlo con cualquier objeto de esa tonalidad; o de imaginar conceptos abstractos como la verdad, el perdón o la libertad, no puede ser explicada racionalmente. No tenemos ni idea de cómo saltar esa sima. Decir que solo somos computadoras de car-ne, como hace el reduccionismo, no soluciona el problema porque es evidente que hay algo mucho más sugestivo y seductor en cada uno de nosotros.

El hecho de que seamos seres morales y que a todos nos repug-nen cosas como torturar a los niños, no puede tampoco explicarse desde una sociobiología reduccionista. No se trata de ninguna estrategia evolutiva de supervivencia, ni del consenso de una determinada sociedad, sino de algo real que brota de lo más profundo de nuestra alma humana.

Fuimos creados así, como seres morales, y nuestras particulares intuiciones éticas o estéticas son el reflejo de la voluntad del creador. Él es la última fuente del bien, la verdad y la belleza. De manera que, desde esta perspectiva teísta, las leyes naturales son, en el fondo, el reflejo del milagro divino.

CAPÍTULO 3
Dios y la Conciencia

Biología del alma

La ciencia neurológica va revelando poco a poco la extrema complejidad del cerebro humano formado aproximadamente por unos cien mil millones de células nerviosas. Es el órgano animal más complejo de la naturaleza que durante siglos se ha considerado como la sede de la mente y el pensamiento. Está constituido por neuronas que se multiplican en el recién nacido a la velocidad de treinta mil por minuto, mientras que los adultos perdemos en torno a diez mil cada día sin que jamás vuelvan a ser reemplazadas. Es sabido que tales neuronas están conectadas entre sí formando una inmensa red de billones de *sinapsis* o uniones entre células hermanas.

Pero, a pesar de esta complejidad astronómica y de lo que se ha descubierto en los últimos años, siguen todavía pendientes las cuestiones de siempre. ¿Es la mente autoconsciente (el yo o el alma) el producto natural emergente del cerebro humano que desaparece definitivamente con la muerte o posee, por el contrario, un origen independiente de carácter sobrenatural y trascendente que la hace imperecedera? Semejante cuestión bordea de forma sinuosa la frontera entre la ciencia, la filosofía y la teología. De ahí la necesidad de que tales disciplinas dialoguen entre sí y pongan en común sus conocimientos respectivos.

El ser humano ha sido denominado de diversas maneras a lo largo de la historia. Algunas de las muchas definiciones existentes son: "animal racional" (Aristóteles) atendiendo a su capacidad para razonar; *Homo sapiens* (Carl von Linné) según la taxonomía biológica; mientras que "mono desnudo" (Desmond Morris), "tercer chimpancé" (Jared Diamond), "especie elegida" (Juan Luis Arsuaga) y "primate filósofo" (Frans de Waal) fueron calificativos dados desde la perspectiva darwinista.

Por último, y con el fin de subrayar su mayor singularidad, se le ha llamado también "animal espiritual" (Ramón Mª Nogués). En mi opinión, este último calificativo es el que mejor define a las personas. "Animal" porque somos vivientes y, por tanto, reflejamos la improbable, maravillosa e inexplicable propiedad de la vida. "Espiritual" porque nuestra mente reflexiva y compleja manifiesta fenómenos tan enigmáticos como la conciencia, la experiencia del yo, la capacidad autobiográfica y la búsqueda de significado existencial o trascendente. ¿De dónde pueden surgir todas estas singularidades humanas que nos alejan tanto del resto de los animales?

Evidentemente el cerebro ha sido señalado desde los inicios de las neurociencias como el órgano por excelencia capaz de originarlas. Sin embargo, aunque se conoce bien la complejidad de la mente humana, la estructura cerebral todavía resulta bastante desconocida. Si existe en el mundo un monumento a la hipercomplejidad, éste es sin duda el constituido por el cerebro humano. A pesar de todo, ¿qué ha descubierto la neurología hasta el presente? ¿Resulta posible localizar las funciones del cerebro en zonas concretas del mismo o quizás todo este órgano participaría siempre de manera holística en cualquier actividad? Aunque este debate continúa vivo ya que el sistema encefálico es un todo integrado, lo cierto es que resulta posible distinguir ciertas regiones a las que se puede atribuir determinadas funciones mentales o de conducta.

La biología distingue entre el sistema nervioso central (SNC) y el sistema nervioso periférico (SNP). El primero está compuesto por el cerebro más la médula espinal y se ocupa fundamentalmente de integrar y procesar la información. Mientras que el segundo está formado también por neuronas pero que existen fuera del SNC. Su misión consiste en transmitir la información desde los sentidos al SNC y las órdenes o respuestas de éste al resto del organismo. ¿Cómo puede la biología empezar siquiera a estudiar una estructura tan extremadamente compleja?

Lo más fácil es empezar por la anatomía general, es decir, por las partes que la constituyen. Desde el siglo XIX se sabe que la estructura del cerebro humano puede dividirse, desde el punto de vista anatómico, en cuatro partes diferentes: **encéfalo** (implicado en el pensamiento consciente y la memoria), **cerebelo** (que controla patrones motores complejos), **diencéfalo** (que transmite información de los sentidos al cerebelo y controla el mantenimiento del medio interno u homeostasis) y el **tronco encefálico o cerebral** (que une el cerebro a la médula espinal y regula el corazón, los pulmones y el sistema digestivo). No todas estas partes se han estudiado con la misma intensidad, de ahí que los resultados obtenidos hasta ahora sobrevaloren más unas regiones que otras. Lo que se sabe actualmente puede resumirse así.

El **encéfalo**, que ocupa la mayor parte del cerebro y se divide en dos hemisferios (izquierdo y derecho), está implicado en el pensamiento consciente y la memoria. Su superficie se llama *córtex* yestá replegada en forma de circunvoluciones. Los investigadores creen que en los lóbulos frontales de dicho córtex tienen lugar los aspectos más enigmáticos de la vida psíquica.

Ciertas técnicas de registro de imagen o de estimulación magnética transcraneal evidencian zonas que responden o se activan especialmente con ocasión de experiencias mentales superiores, como la conciencia del yo, los sentimientos de respuesta moral, la empatía o comprensión de los sentimientos de otras personas, la creatividad, así como las experiencias de trascendencia y espiritualidad.[1] Aunque estas últimas puedan darse también en otras áreas cerebrales. Es como si el anhelo por saber quiénes somos, de dónde venimos y adónde vamos estuviera implantado en el diseño del cerebro humano y en la información del ADN que lo engendra.

En la parte central interna del córtex se halla el *sistema límbico* que hace posible las reacciones emocionales y los sentimientos. Un conjunto de estructuras formadas por el bulbo olfatorio, el hipocampo (relacionado con la memoria), los cuerpos mamilares (que controlan el estado de alerta), un conjunto de fibras llamado *fórnix* que los conecta con el hipocampo y las amígdalas cerebrales (relacionadas con la memoria emocional y el miedo). Las emociones son una parte fundamental de la conducta humana que orientan la vida hacia el bienestar y la felicidad, aunque también intervienen -bastante más de lo que se creía hasta ahora- en los procesos del razonamiento.

El hipotálamo se encuentra en el mismo centro del encéfalo y está constituido por una docena de núcleos que son los responsables de conductas fundamentales para la supervivencia. De ellos dependen la sexualidad, la ingesta alimentaria o la agresividad, entre otros comportamientos. El hipotálamo está íntimamente relacionado con la hipófisis, una de las glándulas endocrinas centrales del ser humano y otros animales ya que dirige el sistema hormonal más complejo.

---

1. Takeuchi, H. *et al.*, "Regional gray matter volumen of dopaminergic system associate with cretivity: Evidence from voxel-based morphometry", 2010, *Neuroimage*, núm. 51 (juny), p. 578-585.

Controla las hormonas sexuales, tiroideas, suprarrenales, del crecimiento, la oxitocina, la hormona antidiurética, la prolactina y la hormona estimulante de los melanocitos. De manera que el hipotálamo y la hipófisis son como el subcerebro vegetativo de la persona.

Por último, está el **tronco cerebral** formado por el puente, el cerebelo (que, como se ha señalado, controla patrones motores complejos como el equilibrio o la coordinación motora) y la parte superior de la médula. Funciones automáticas como la respiración, los latidos del corazón, la regulación de la presión arterial, el ritmo circadiario de las fases de vigilia y sueño en función de la segregación de melatonina y, en fin, otros reflejos como estornudar o vomitar dependen de este tronco cerebral. Todo esto puede influir y condicionar la conciencia aunque muchas veces ni siquiera seamos conscientes de ello.

Las neurociencias estudian estos aparatos, así como las reacciones físico-químicas que se producen en las neuronas de cada una de tales partes cerebrales, sin embargo, aun conociendo estos cambios celulares, queda todavía mucho camino por recorrer. Quizás el más importante. Queda por averiguar cuál es el programa de cada uno de estos aparatos. Conocer perfectamente todas las piezas de un automóvil -por ejemplo- así como la función de cada una de ellas, no nos dice nada acerca del viaje que va a realizar dicho vehículo.

Es cierto que el cerebro ya posee algunas partes del programa grabadas de antemano, pero queda todavía muchísimo espacio para la improvisación personal. Cada persona construye y absorbe su biografía, su historia, sus conocimientos adquiridos a lo largo de la vida, su propia capacidad de creación, su trabajo, su comprensión de la realidad, de los demás y de la trascendencia, etc. Y todo esto, qué duda cabe, contribuye a hacernos lo que somos. Por tanto, el conocimiento de los componentes orgánicos del cerebro dice poco acerca de la complejidad de la mente humana, la conciencia, la capacidad autobiográfica, el alma, el espíritu o el yo personal.

¿En qué consiste, pues, la mente del ser humano? ¿Qué es eso que nos permite generar y mantener una imagen interior del mundo que nos rodea? Es difícil definir la mente. Tradicionalmente se supuso que el mundo mental se inscribía exclusivamente en el cerebro. Sin embargo, la neurobiología actual acepta que, aunque el cerebro es una pieza fundamental, la mente se remite más bien a todo el cuerpo. Se ha podido comprobar que las emociones suelen estar profundamente visceralizadas. Es decir, que nuestros estados de ánimo pueden afectar directamente al funcionamiento de nuestros órganos. Las actividades mentales suelen influir decisivamente en las vísceras (transferencias psicosomáticas).

Además, hay que tener en cuenta que el sistema nervioso no solo está constituido por una red compleja de células nerviosas (neuronas y células gliales), sino que posee también un sistema humoral constituido por neurotransmisores, neuromoduladores y el sistema hormonal. Todo esto conforma lo que se ha llamado el "cerebro húmedo" que participa también de manera decisiva en la experiencia mental. La acción coordinada de estos dos sistemas relacionados (nervioso y hormonal), dirigidos por el cerebro, constituiría pues la base orgánica de la rica complejidad de la mente.

Si explicar la mente es difícil desde la biología, hacer lo propio con la conciencia humana parece ser una tarea inalcanzable. Nadie ha podido ofrecer hasta ahora una respuesta satisfactoria. Hay muchas opiniones al respecto pero precisamente esta diversidad de puntos de vista -como ocurre también en otros temas tales como el origen del cosmos o de la vida- sugiere que el asunto supera probablemente las capacidades humanas. En ciencia, la multiplicidad de teorías sobre la conciencia indica una manifiesta debilidad de los argumentos que se proponen, así como la poca fiabilidad de los mismos. En una encuesta realizada a una veintena de estudiosos de la conciencia pudo apreciarse, por las respuestas obtenidas, la falta total de acuerdo entre ellos.[2]

Unos, desde la concepción evolucionista emergentista, suponen que la conciencia se desarrolló gradualmente en algunos simios superiores, paralelamente a la complejidad del cerebro, hasta que se originó el ser humano. Se pretende explicar así el origen de la conciencia pero no se dice nada acerca de su naturaleza.

Otros, en esta misma línea, piensan que es un estado de la materia, la cual en determinadas condiciones daría lugar a la conciencia. Algunos opinan que ésta se originaría cuando la información que llega al cerebro se vuelve accesible para las neuronas del córtex cerebral. Ciertos autores, por el contrario, señalan al tálamo como el productor de conciencia, mientras que otros proponen la teoría de la

---

2. Blackmore, S., *Conversaciones sobre la conciencia*, 2010, Paidós, Barcelona.

información integrada sugiriendo así el carácter unificado, integrado y definido de la experiencia consciente.

Para algunos, la conciencia sería el proceso de crear un modelo del mundo a partir de múltiples bucles de retroalimentación basados en diferentes parámetros como la temperatura, el espacio, el tiempo o la relación con los demás. Se ha dicho también que la conciencia surgió de manera explosiva y fortuita a partir de partes viejas del cerebro que empezaron a trabajar de maneras nuevas. Incluso algunos neurólogos creen que fueron las emociones y los sentimientos quienes edificaron la conciencia. Y, en fin, los hay que la relacionan con la física cuántica resaltando el posible carácter atemporal y no local de la mente. Como puede verse, hay muchos intentos que pretenden explicar la conciencia humana pero, hasta la fecha, ninguno resulta concluyente.

¿A qué conclusiones se puede llegar? ¿Qué respuesta podría darse a la cuestión planteada al principio? ¿Dónde radica la singularidad humana? ¿Hay vida después de la muerte? ¿Tenemos un alma inmortal, como pensaban los griegos, o debemos confiar en la resurrección que inauguró Jesucristo? Seguiremos tratando tales cuestiones en los siguientes artículos acerca de la biología del alma.

De la inteligencia al yo humano

La **memoria** o capacidad de recordar es una función del cerebro que nos permite codificar, almacenar y recuperar la información del pasado. Muchos animales poseen recuerdos, o reacciones que demuestran cierta capacidad de adiestramiento, pero la memoria biográfica que se orienta hacia la construcción del yo personal es una singularidad de la mente humana. Los recuerdos de toda una vida que cada uno de nosotros poseemos son esenciales para el mantenimiento de nuestra propia identidad. Cuando éstos empiezan a debilitarse, como consecuencia de ciertas demencias seniles o de enfermedades relacionadas con el Alzheimer, el yo se va diluyendo poco a poco y puede llegar a desaparecer. De forma inversa a como el niño inicia su construcción del yo, tales pacientes parece que lo deconstruyen degenerativamente.

Son muchos los estudios que se realizan al respecto y que ponen de manifiesto las múltiples conexiones existentes entre el hipocampo (centro de la memoria) y el córtex cerebral. Hay implicados mecanismos neuronales sinápticos increíblemente complejos y sofisticados. Al parecer, el cerebro sano decide qué es lo que vamos a recordar y qué no. Esto podría estar relacionado con mínimos cambios epigenéticos en la metilación del ADN.[3] A nivel molecular, el estudio de los llamados "microARN" o "miARN" -que hasta hace poco se consideraban producto del ADN basura puesto que no forman proteínas- está revelando continuas sorpresas que evidencian la relación existente entre la memoria y ciertos fenómenos moleculares de las neuronas.

Acerca de esta selectividad cerebral sobre lo que conviene o no recordar, lo cierto es que si nos acordáramos de todos los detalles de nuestra existencia, la vida sería insoportable. Hay cosas que es mejor olvidar, o que nunca más nos servirán para nada, y nuestro cerebro colabora eficazmente para que así sea. Aunque el criterio que sigue para hacerlo sigue siendo algo desconocido.

Si se compara el córtex cerebral con un disco duro, con una capacidad de almacenamiento de muchos gigabytes, el hipocampo se parecería, más bien, al chip de la RAM (la memoria de acceso aleatorio donde las computadoras guardan los programas cuando están en funcionamiento), en el que los datos se conservan temporalmente antes de ser borrados o transferidos al disco duro para almacenarlos permanentemente. Lo que hace el cerebro humano es separar diferentes funciones en ciertas poblaciones de neuronas y distribuirlas por diversas regiones anatómicas. Es como si su disco duro se dividiera en múltiples unidades repartidas por el córtex, la amígdala, el cerebelo, el estriado o el hipocampo. Esto es algo inteligente porque significa que, en caso de accidente o lesión, la pérdida de memoria raramente será completa. Siempre habrá alguna región en la que se conserve una copia. Es difícil creer que este maravilloso órgano haya podido formarse por casualidad. Más bien, todo parece indicar un diseño muy inteligente.

Y, hablando de inteligencia planificadora, otra facultad importante de la mente humana es precisamente la **inteligencia** que nos permite aprender de la experiencia, entender la realidad, razonar acerca de ella o de otras cuestiones abstractas, tomar decisiones, planificar, diseñar, solucionar problemas, comprender conceptos complejos y adoptar ideas propias. Antes se pensaba que la inteligencia

---

3. Carey, N., *La revolución epigenética*, 2013, Buridán, p. 275.

humana era algo monolítico y uniforme, sin embargo, hoy se sabe que es una función variada enraizada también en una gran cantidad de instancias cerebrales y que depende asimismo de numerosas circunstancias personales y sociales. De ahí que se hable de *inteligencias múltiples*[4] y se distingan en principio hasta ocho diferentes: lingüística, lógico-matemática, espacial, musical, corporal-cenestésica, intrapersonal (útil en la comprensión del propio mundo interior y del de los demás en las diferentes situaciones de la vida), interpersonal (relacionada con la capacidad para gestionar relaciones sociales) y naturalista (orientada a comprender las realidades de la naturaleza).

Además de estas clases de inteligencia, se han señalado también en el ser humano la *inteligencia moral* y la *inteligencia espiritual* que estarían ligadas a experiencias globales que no se relacionan con entidades materiales sino con cuestiones esenciales y trascendentes. Tales modalidades de inteligencia, que tienen que ver con las creencias y la religión, han sido muy estudiadas por diversos autores.

Por último, dentro del ámbito de la conciencia está lo que se conoce como el **yo humano**. Aquello que nos distingue del medio al individualizarnos. No es que el cerebro nos engañe haciéndonos creer que somos diferentes del ambiente que nos rodea -como dicen algunos- sino que refleja eficazmente esta propiedad del yo psicológico que nos caracteriza. Se trata de una función vital real imprescindible en el ser humano que mantiene nuestra consistencia personal y nos proporciona una buena capacidad de acción ante los desafíos del medio. Al estudiar diferentes casos de pacientes con psicosis agudas, auras epilépticas de lóbulo temporal o ciertos experimentos con *psilocibina* (un alcaloide que provoca efectos psicoactivos), se han observado fenómenos de disolución del yo relacionados con la disminución de la conectividad entre el lóbulo temporal medio y las regiones corticales de alto nivel, así como con la desintegración de algunas grandes redes neuronales y una reducción de la comunicación entre los dos hemisferios cerebrales.[5] Esto sugiere que dichas regiones y su correcta conectividad son la base material y la garantía del mantenimiento del yo, lo cual indica que éste debe analizarse desde diversos puntos de vista.

---

4. Gardner, H., *La inteligencia reformulada. Las inteligencias múltiples en el siglo XXI*, 2010, Paidós, Madrid.
5. Nogués, R. M., *Neurociencias, espiritualidades y religiones*, 2016, Sal Terrae, Santander, p. 51.

Actualmente se reconocen hasta seis aproximaciones al yo humano. Los especialistas hablan del yo: neural, somático, psicológico, ético, social y metafísico. El *yo neural* estaría relacionado, según los diversos investigadores, con el tálamo que coordina toda la información entre el cuerpo y el córtex cerebral; la ínsula, zona del córtex situada detrás del lóbulo temporal que recoge datos globales sobre el estado general del organismo; el claustro, próximo a la ínsula y que actúa como interruptor que abre o cierra la conciencia del yo; el DMN (*default mode work*) o estructuras que intervienen cuando el cerebro descansa y, por último, ciertas redes de conexión.

El *yo somático* se refiere al hecho de que el cerebro no es el único órgano responsable del mundo mental sino que forma parte de todo el organismo con el que está íntimamente relacionado. Otras parte del cuerpo, como el aparato digestivo, la flora intestinal, la piel que recibe sensaciones táctiles o las impresiones visuales que se asimilan al observar un rostro, etc., se integran también en la percepción del yo, constituyendo a la persona como una unidad psicosomática.

El *yo psicológico* se correspondería con aquello que Freud denominó el "ello", el "superyó" y el "yo". Algunos neurobiólogos consideran que este modelo psicológico de la mente humana sigue siendo el mejor que se ha propuesto hasta ahora y que la maduración del yo depende de una correcta evolución de estas tres instancias freudianas.

El *yo ético* tendría que ver sobre todo con la capacidad para orientarnos de manera equilibrada entre los polos de lo propio y lo ajeno (egocentrismo-alocentrismo). El yo maduro no debería ser egocéntrico sino enfocado hacia la vinculación con los demás. Dejar de ser niños equivaldría a superar la fase centrada exclusivamente en el yo para entrar en la dimensión comunitaria o alocéntrica, en la que también nos preocupan e interesan los otros.

El *yo social* es objeto de numerosos estudios en la actualidad. El yo de cada ser humano no es como una isla en medio del océano sino que depende mucho de elementos externos de carácter sensorial, ideológico, afectivo o contextual, que, aunque sean ajenos a nosotros mismos, también constituyen nuestro yo. Cada época ha tenido su propio yo social y, de alguna manera, esto explicaría en parte por qué ciertas ideas, actitudes sociales o comportamientos fueron tan comunes en determinados momentos históricos y, en cambio, hoy no los entendemos o simplemente nos parecen inmorales. Piénsese por ejemplo en la esclavitud, el trato a la mujer, a los niños, a los animales o a la naturaleza, etc.

Al parecer, la nueva disciplina de la epigenética explicaría cómo ciertos cambios de conducta social pueden llegar incluso a modular la expresión de los genes. El cerebro social sería como una mente extensa que explicaría sutiles diferencias en las neuronas que podrían entenderse como modos del pensar cultural. Las divergencias entre el pensamiento de Oriente y el de Occidente, por ejemplo, podrían interpretarse también en este mismo sentido.

Finalmente, el *yo metafísico* está relacionado con las implicaciones trascendentes que los estudios del yo suelen suscitar. Obviamente esta dimensión del yo es la que más polémica genera ya que cada investigador defiende su propia ideología previa. Los neurólogos no creyentes tienden a reducir o desacreditar la solidez del yo metafísico, mientras que los teístas o religiosos consideran que la realidad del yo personal tiene una proyección que va más allá de la pura biología. Así pues, ¿a qué conclusión se puede llegar?

A lo largo de la historia, la mayoría de las culturas humanas han creído en la solidez metafísica del yo. Desde los egipcios, griegos y romanos a los judíos del posexilio, los cristianos, musulmanes, hindúes, pueblos mesoamericanos y hasta las tradiciones animistas, entre otros, han afirmado la trascendencia del yo humano. Podría decirse que de los 7.500 millones de personas que tiene hoy el mundo, aproximadamente unos 6.000 millones creen en dicha trascendencia. Desde luego, esto no demuestra nada pero es un dato a tener en cuenta.

El filósofo de la Universidad de Oxford, Richard Swinburne, escribe al respecto: "El mismo éxito de la ciencia en lograr sus enormes integraciones en la física y la química es lo mismo que aparentemente ha imposibilitado cualquier éxito final en integrar el mundo de la mente y el mundo de la física."[6] Según su opinión, la teoría darwinista de la evolución por selección natural podría explicar cómo ha cambiado el cuerpo humano, pero no cómo dicho cuerpo ha llegado a estar conectado con la conciencia.

El darwinismo no sería de ninguna utilidad para resolver este problema. De manera que, a pesar de los grandes avances de la neurobiología, seguimos sin comprender el origen de nuestra autoconciencia. Es cierto que está relacionada con la biología del sistema

---

6. Swinburne, R., *La existencia de Dios*, 2011, San Esteban, Salamanca, p. 234.

nervioso central pero éste es incapaz de explicar el yo humano. Hemos de admitir que la ciencia actual fracasa en su intento por explicar la conciencia.

Incluso aunque se considere, como hace el evolucionismo, que la vida animal termina por dar lugar a los procesos mentales conscientes del ser humano, de la misma manera en que supuestamente los átomos de la materia acaban por originar vida, lo cierto es que ni los átomos son capaces de explicar la vida, ni tampoco las neuronas del cerebro son capaces de explicar la mente o la conciencia humana. La naturaleza de las neuronas no tiene ningún parecido con la vida consciente. Es cierto que la conciencia está asociada a ciertas regiones cerebrales, sin embargo, cuando estos mismos sistemas de neuronas están presentes en el tronco encefálico, por ejemplo, no se produce conciencia alguna.

Desde posturas darwinistas, se asume un misterioso emergentismo reduccionista que desde la materia inerte habría dado lugar por evolución a la conciencia y al yo humano. No obstante, lo cierto es que la ciencia no sabe de ninguna diferencia esencial entre los constituyentes físicos últimos de una roca y los del cerebro del hombre. Se trata de los mismos átomos solo que agrupados de otras formas. Únicamente la fe materialista permite suponer que los átomos pueden crear por sí solos conciencias que no tienen el menor parecido con ellos.

Hasta los propios paladines del Nuevo ateísmo, como Richard Dawkins o Sam Harris, admiten que la ciencia no tiene explicación para la conciencia. Este último escribe: "La idea de que el cerebro *produce* consciencia apenas es algo más que un artículo de fe para los científicos actuales, y hay muchas razones para creer que los métodos científicos son insuficientes para probarlo o refutarlo."[7] En mi opinión, detrás de nuestro yo individual y de nuestra conciencia hay un poder milagroso que la ciencia no puede analizar precisamente porque trasciende a la materia.

Mente y espíritu

Uno de los proponentes del Nuevo ateísmo, el filósofo estadounidense Daniel C. Dennett, especializado en inteligencia artificial,

---

7. Harris, S., *El fin de la fe,* 2007, Paradigma, Madrid, p. 208.

es famoso por su resistencia a aceptar la realidad de la conciencia en el ser humano. Retomando las antiguas ideas del filósofo inglés, David Hume, -quien también dudaba de la existencia de su yo personal- se niega a reconocer lo obvio, afirmando que la cuestión de si algo es o no consciente carece de interés puesto que no resulta posible saberlo. Cree que las máquinas llegarán también algún día a ser como los seres humanos que, al fin y al cabo, no seríamos más que máquinas conscientes.[8] Este planteamiento reduccionista, propio del clima darwinista y materialista que impera en ciertos sectores de la sociedad, es el que está en la base de la negación de que exista la conciencia.

Sin embargo, una doctrina que se ve obligada a recurrir constantemente a elaboradas evasivas no parece mucho mejor que un fraude. La diferencia fundamental entre una persona y una computadora de última generación es que ésta última, por muy sofisticada que sea y aunque alcance soluciones partiendo de datos a los que ella misma ha arribado previamente, no sabe lo que está haciendo. No es consciente de aquello que realiza. Decir lo contrario, sería como pensar que un lector de discos compactos disfruta de la música que hace sonar o que un libro electrónico comprende las ideas reflejadas en sus páginas. Un completo absurdo.

Aparte de estas minoritarias interpretaciones sobre los estudios mente-cuerpo, son muchos los autores que, a lo largo de la historia de la filosofía y la ciencia, han considerado que la mente es una realidad emergente que apareció en paralelo con la complejidad progresiva del sistema nervioso. Pensadores como Spinoza, Leibniz, Schopenhauer, Clifford, Ernst Haeckel, William James, Chalmers o Teilhard de Chardin supusieron que la conciencia era solo un fenómeno físico o natural que brotaría siempre que la materia se tornara lo suficientemente compleja. En este sentido, el paleontólogo católico, Teilhard de Chardin, hablaba incluso de la supuesta existencia de una "ley de complejidad-conciencia"[9], o una tendencia de la naturaleza, según la cual el cerebro de los animales habría ido evolucionando poco a poco hasta dar lugar a la conciencia humana del yo o a lo que tradicionalmente se conoce como "alma".

---

8. Flew, A., *Dios existe*, 2013, Trotta, Madrid, p. 145.
9. Teilhard de Chardin, P., *El grupo zoológico humano*, 1967, Taurus, Madrid, p. 53; *El fenómeno humano*, 1982, Taurus, Madrid, p. 363.

No obstante, otros pensadores creen que el alma del ser humano es mucho más que eso, que no puede ser solo la propiedad de un mero cuerpo, de un cerebro o un objeto material. En este sentido, si la conciencia fuera la propiedad de algo distinto al cuerpo, ese "algo distinto" debería ser el alma. De manera que detrás de nuestros pensamientos, del uso que hacemos del lenguaje, de la manera de comunicarnos o de planificar el futuro habría un poder milagroso que habitualmente nos pasa desapercibido. Se trata de la capacidad desconcertante que tenemos para apreciar diferencias y semejanzas o de generalizar y universalizar.

El hecho de que desde niños seamos capaces de distinguir, por ejemplo, entre el color rojo de una rosa y el color rojo en abstracto, sin relacionarlo con ningún objeto rojo, refleja esta capacidad. Constantemente pensamos cosas que no tienen reflejo en la realidad física, como la idea de perdón, de libertad, de amor, de solidaridad o de reconciliación. Esta actividad, en sí misma, es algo que trasciende a la materia, que está más allá de lo puramente físico. Son actos de personas que están encarnadas en un cuerpo y, a la vez, animadas. Es decir, dotadas de alma.

El problema de una teoría que intente relacionar la mente, el yo o el alma humana con el cuerpo o el cerebro es que necesariamente tiene que medir muchas clases de cosas diferentes. La cuestión que se plantea aquí es, ¿hasta qué punto tales cosas pueden ser medidas? La masa de las neuronas, la velocidad de los impulsos nerviosos, las propiedades eléctricas y el resto de las características físicas y químicas pueden ser calculadas por los métodos de la ciencia, pero cómo medir las propiedades mentales individuales. Cómo evaluar con rigor y precisión los pensamientos y los sentimientos propios de las almas humanas.

Las propiedades físicas son medibles pero las mentales no. Tal como reconoce el filósofo inglés, Richard Swinburne, de la Universidad de Oxford: "(…) los pensamientos no se distinguen entre ellos en escalas medibles. Un pensamiento no tiene el doble de cierta clase de significado que otro. Así, pues, *no podría haber una fórmula general que muestre los efectos sobre los eventos mentales de las variaciones en las propiedades de los eventos cerebrales,* porque éstos difieren unos de otros en respectos mensurables, pero aquéllos no."[10] Este es el

10. Swinburne, R., ¿Hay un Dios?, 2012, Sígueme, Salamanca, p. 113.

principal problema que se plantea en todos los intentos por estudiar científicamente el alma.

Las ganas de comer paella, por ejemplo, no se pueden distinguir del deseo de paladear un buen chocolate porque aquéllas tengan el doble o el triple de algo más que éste. Por tanto, es imposible crear una fórmula matemática general que fuera capaz de relacionar determinadas variaciones cerebrales con ciertos deseos. No se puede sistematizar por qué un cambio en algunas neuronas fue producido por un deseo, mientras que otro cambio lo motivó un sabor y otro, un propósito o una creencia. Esto nos permite reconocer que los objetos materiales como los cerebros y las neuronas que los constituyen son clases de cosas completamente diferentes de las almas. Éstas no se diferencian entre sí o de otras cosas por estar hechas de más o menos cantidad de materia.

Por lo tanto, no es posible ninguna fórmula o ley general -como la que propuso Teilhard de Chardin, por ejemplo- que pudiera correlacionar el aumento de la complejidad cerebral con la aparición del alma. No resulta factible una ciencia del alma-cerebro porque estas cosas no se pueden medir, pesar ni observar directa o indirectamente. Decir que el alma surgió por evolución gradual en el cerebro de algún primate antecesor común a simios y hombres (o solo en la línea homínida) es algo que sobrepasa con mucho las supuestas posibilidades explicativas de la teoría darwinista. Ésta no es, desde luego, una explicación científica ya que no se puede demostrar algo que está por completo fuera del alcance de la ciencia.

Ahora bien, si las ciencias experimentales son incapaces de dar cuenta del alma, y teniendo en cuenta que pueden existir otras fuentes de conocimiento verdadero, ¿será quizás la explicación teísta de la teología la que mejor se aproxime a este asunto? Opino que solo un Dios omnipotente puede generar las almas en los cuerpos y que, además, tiene muy buenas razones para hacerlo. Al ser también misericordioso, desea que disfrutemos de sensaciones gratas, que podamos satisfacer nuestros deseos naturales, que desarrollemos nuestras propias creencias sobre el mundo que nos rodea, sobre nosotros mismos y sobre su deidad. Al habernos creado en libertad, nuestros propósitos no están determinados de antemano y podemos actuar en el mundo para mejorarlo.

El neurobiólogo australiano, John Eccles, que obtuvo el Premio Nobel en 1963 por sus trabajos sobre las sinapsis cerebrales, escribió

estas palabras: "Me veo obligado a creer que existe lo que podríamos llamar un origen sobrenatural de mi única mente autoconsciente, de mi yo único o de mi alma única; (...). Mediante esta idea de
creación sobrenatural, eludo la increíble improbabilidad de que el
carácter único de mi propio yo esté genéticamente determinado."[11]
El cerebro se desarrolla en base a la información que poseen los genes -aunque desde la revolución epigenética esto es matizable-, sin
embargo el alma no.

Yo creo que el alma humana no tiene su causa en los procesos
físicos de la naturaleza sino en el Dios generoso que se revela en la
Escritura. Puesto que el misterio de la creación de las almas en el cerebro de los fetos no tiene una argumentación científica y, por tanto,
no es un hueco del conocimiento que algún día la ciencia podrá explicar, no es necesario recurrir a ningún Dios tapagujeros. Solamente la existencia del auténtico Dios creador nos conduce a esperar
semejante acontecimiento sobrenatural. Me parece que ésta sigue
siendo la explicación más lógica y sencilla. Además, la singularidad
del alma humana constituye una prueba más en favor de la existencia de ese creador que es la fuente de toda vida.

El alma según la Biblia

Muchos científicos y neurólogos consideran que el alma es un
mito inventado por las religiones o, por lo menos, que tal concepto
religioso resulta innecesario para explicar a los seres humanos. Francis Crick, uno de los famosos biólogos descubridores de la estructura del ADN, escribió al respecto: "Un neurobiólogo moderno no
ve necesidad alguna de tener un concepto religioso del alma para
explicar el comportamiento de los humanos y de otros animales. Me
recuerda a la pregunta que Napoleón hizo a Pierre-Simon Laplace,
después de que éste le explicara cómo funcionaba el sistema solar:
«Y Dios, ¿dónde entra?» A lo cual Laplace replicó: «Señor, no tengo
necesidad de semejante hipótesis.»

No todos los neurocientíficos creen que la idea del alma sea
un mito (sir John Eccles es la excepción más notable), pero sí la
mayoría."[12] ¿Lleva razón Crick y quienes piensan como él? ¿Es

---

11. Popper, K. R. & Eccles, J. C., *El yo y su cerebro*, 1993, Labor, Barcelona, p. 628.
12. Crick, F., *La búsqueda científica del alma*, 1994, Debate, Madrid, p. 7.

innecesaria el alma para explicar al hombre? ¿Tiene sentido hablar de un alma totalmente separada del cuerpo físico? ¿Qué dice la Biblia sobre este asunto?

El término "alma" del latín "anima" corresponde al hebreo "néphesh" y al griego "psykhé". En principio, todas estas palabras pretenden resaltar la idea de aliento vital o de respiración de los seres vivos, tanto animales como humanos. El "soplo divino" mediante el cual el hombre empezó su existencia se refiere precisamente a eso. De manera que el alma, según el primer libro de la Biblia, sería la fuente vital o la vida que anima tanto a las personas como a las bestias. Es lógico, por tanto, que si "alma" equivale a "vida", aquello que sustenta la vida, como puede ser la sangre que circula por las venas, se relacione también con el alma (Gn. 9:4; Lv. 17:10-14). Incluso se dice, ya en el Nuevo Testamento, que el Señor Jesucristo derramó su alma hasta la muerte y su sangre para remisión de pecados.

No obstante, "néphesh" es mucho más que el principio vital. En general, esta palabra aplicada al ser humano, en la mentalidad hebrea, designa también el centro de la persona donde radican los sentimientos, el intelecto y la voluntad. Así, por ejemplo, para indicar que un hombre se enamoró de una mujer, se dice que "su alma se apegó a ella" (Gn. 34:3). Alma sería pues la totalidad de la persona, inseparable del cuerpo ya que forma parte de él y lo constituye como una unidad orgánica y psicosomática. Por tanto, el Antiguo Testamento no contempla ninguna división entre el cuerpo y el alma del hombre sino que se trata de una simbiosis completa.

Más tarde, cuando se habla de espíritu, alma y cuerpo -como hace Pablo (1 Ts. 5:23)- lo que se pretende es resaltar este o aquel aspecto particular del único e indivisible ser humano. No se sobrevalora lo espiritual frente a lo corporal. No se condena la corporeidad ni la sexualidad. El hombre del Antiguo Testamento no conoce la problemática del cuerpo y el alma propia del mundo heleno. A pesar de esta concepción hebrea unitaria de la persona, que excluye la visión dualista del pensamiento griego, es evidente que los judíos reconocían dos dimensiones en el ser humano. Una puramente corporal o física y otra espiritual que era precisamente la que constituía a la persona como "imagen y semejanza de Dios". Pero esto eran solo dos aspectos de la misma unidad antropológica.

En el Nuevo Testamento el concepto de alma coincide en lo esencial con los datos veterotestamentarios pero se observa cierta influencia de la antropología helenística. Es lógico que fuera así. El mensaje cristiano tenía que proclamarse en un contexto marcado por el espíritu greco-helenístico y había que preservarlo de posibles interpretaciones erróneas. Era necesario conservar la unidad del ser humano y rechazar las ideas gnóstico-dualistas, hostiles al cuerpo. Sin embargo, muchos griegos que se convertían seguían creyendo en la inmortalidad del alma. ¿Qué pasaba entonces con el espíritu de aquellos cristianos que fallecían?

El judaísmo esperaba que la resurrección de los muertos tendría lugar al final de la historia. En un primer momento, los cristianos primitivos tenían la esperanza de que "el día del Señor" llegaría antes de que ellos murieran. Pero, al comprobar que esto no era así, pronto se planteó la cuestión del tiempo intermedio. ¿Qué ocurre con los creyentes que mueren antes de la resurrección final? ¿Están completamente muertos o su alma goza ya en la presencia del Señor?

El Nuevo Testamento solo responde a esta cuestión afirmando que los muertos están "en Cristo" y que, por tanto, la comunión del cristiano con Dios, a través de Jesucristo, no puede sufrir ningún tipo de interrupción por causa de la muerte. Ahora bien, la forma en que debe entenderse esta relación entre el "estar en Cristo" y la resurrección de los muertos ha dado quebraderos de cabeza a los exegetas hasta el presente.

Ciertas teologías apocalípticas habían tomado la idea del *sheol* del Antiguo Testamento y la habían convertido en un estado intermedio en el que los difuntos se hallaban a la espera de la resurrección. Otros, como los gnósticos, se iban al polo opuesto y asumían la antropología griega de alma y cuerpo, rechazaban la resurrección y pensaban que el alma perdía definitivamente en la muerte el último contacto con el cuerpo -hecho de materia esclavizante- y comenzaba así un viaje al reino del espíritu, del que habría caído en su supuesta preexistencia.

Frente a tanta polémica, la iglesia desarrolló un modelo del estado intermedio, reconociendo que el alma incorruptible o el espíritu puede existir separado del cuerpo (Lc. 8:55; 23:46; Hch. 7:59; Stg. 2:26; 1 P. 3:19). El alma se separa del cuerpo en la muerte y espera en un estado intermedio -que para los redimidos es una bienaventuranza provisional, mientras que para los incrédulos, en cambio, una pena incipiente- el juicio definitivo y la resurrección de la carne.

El apóstol Pablo compara la muerte con un sueño (1 Co. 15:6 y 20) con la intención de señalar que quienes duermen en el cuerpo ya han empezado, en realidad, a gozar la salvación de Dios aunque estén a la espera de la resurrección final. De manera que esta acentuación cristiana de la resurrección de la carne neutralizó el dualismo gnóstico de alma y cuerpo.

No obstante, semejante concepción escatológica tuvo siempre, como indica la historia posterior, cierta tendencia a virar hacia el dualismo griego. La creencia en la inmortalidad del alma fue posicionándose por encima de la resurrección del cuerpo.

La teología de Agustín de Hipona, en los siglos IV y V, -claramente influida por el neoplatonismo- muestra cómo en la Edad Media la idea de la inmortalidad del alma prevalece frente a la resurrección del final de los tiempos. A pesar de que en siglo XIII, Tomás de Aquino, volvió a insistir en la unidad estricta del hombre, mediante su fórmula "anima forma corporis" que pretendía acentuar la unidad del ser humano, compuesto de alma y cuerpo pero en un todo unitario, lo cierto es que la Iglesia católica continuó enseñando esta escatología bipolar durante siglos. Solamente en la Modernidad se empezó a cuestionar tal concepción en amplios círculos de la teología protestante.

Lutero critica la doctrina filosófica de la escolástica tardía acerca de la inmortalidad. En respuesta a un decreto del papa León XIII, dice que suscribir la inmortalidad del alma es sencillamente una monstruosidad[13] y propone una fundamentación más bíblica. Lutero cree que si el alma humana fuera inmortal esto significaría que el hombre poseería un poder propio ante Dios y que no podría morir verdaderamente. Pero, lo cierto es que el ser humano es "una nada" ante el creador. Por tanto, no puede haber nada en el hombre que sobreviva a la muerte. Esta es total. Lo único que le queda al hombre y la mujer que mueren es la actitud misericordiosa de Dios y su promesa eterna. Estamos en su mente hasta que él decida resucitarnos.

Posteriormente, la teología evangélica de principios del XX volverá a retomar esta crítica iniciada en la Reforma y tales tesis pueden considerarse como representativas de una gran parte de la

---

13. Assertion of all the articles of M. Luther condemned by the latest Bull of Leo X, article 27, Weimar Edition of Luther's Works, vol. 7, pp. 131-132.

teología protestante contemporánea. No obstante, las respuestas de los teólogos evangélicos, en cuanto al soporte de la identidad en el tiempo intermedio entre la muerte y la resurrección, son muy diferentes.

Quizás uno de los planteamientos que goza de mayor aceptación sea la idea de que la resurrección final no está distante, en sentido cronológico, de la muerte personal.[14] Es decir, la muerte supone para el hombre el término de su tiempo histórico, su salida del espacio-tiempo y su entrada en una forma de duración que no es el tiempo, ni la existencia histórica, ni tampoco la eternidad de Dios. El instante de la muerte es distinto para cada persona, mientras que el de la resurrección es igual para todos.

Si se mira desde la perspectiva humana temporal, el tiempo que media entre la muerte y la resurrección es real. Pero, si se adopta la perspectiva divina del lado de allá, ese tiempo intermedio no existe, puesto que al no haber tiempo no tiene sentido un entretiempo. Por tanto, muerte y resurrección son acontecimientos distintos y sucesivos, pero no cuantitativamente distantes. La distancia entre ambos existe desde el tiempo pero no desde el "no tiempo".

Las palabras del apóstol Pablo que indican que en el momento de la muerte se entra en contacto directo con Cristo (Flp. 1:21ss; 2 Cor. 5:1ss.) podrían entenderse desde esta perspectiva del estado intermedio atemporal. El famoso teólogo protestante, Karl Barth, escribe: "¿Cuál es el significado de la esperanza cristiana en esta vida? [...] ¿Acaso es un alma minúscula que, como si fuera una mariposa, se eleva por encima de la tumba y aún está conservada en algún sitio, para que pueda vivir eternamente? De esta forma es como los paganos consideran que es la vida después de la muerte. Pero no es la esperanza cristiana: «Creo en la resurrección del cuerpo»."[15]

La opinión de los cristianos primitivos ante la naturaleza del hombre fue la aceptación hebrea de su unidad, en vez de la separación entre cuerpo y alma, propia de la visión griega. La esperanza cristiana era ante todo la resurrección corporal, por encima de la pervivencia espiritual. De esta manera, alma y cuerpo son considerados

---

14. Ruiz de la Peña, J. L., *El hombre y su muerte*, 1971, Burgos; Greshake, G. & Ruiz de la Peña, J. L., 1985, "Muerte y resurrección", *Fe cristiana y sociedad moderna*, Ediciones SM, Madrid, p. 161.

15. Tipler, F. J., La física de la inmortalidad, 1996, Alianza, Madrid, p. 364.

como aspectos constitutivos e interdependientes de la unidad de la vida humana. Alma y conciencia se hallan también profundamente enraizadas en el cuerpo del hombre.

Los primeros creyentes que habían visto resucitar a Cristo, confiaban en que Dios reconstituiría también a la persona completa, en algún entorno escogido para dicho fin. Esto es precisamente lo que afirma hoy la teología, que el ser humano no está solo codificado en la estructura espaciotemporal del momento presente, sino además, en la mente de Dios. El hombre no está solo en sus genes, en su conciencia y en el lugar que ocupa en el mundo, sino también en la memoria de su creador. Por tanto, quienes han muerto en Cristo, podrán volver a la vida en Dios.

Como escribe el apóstol Pablo: "Hermanos, no queremos que ignoren lo que va a pasar con los que ya han muerto, para que no se entristezcan como esos otros que no tienen esperanza. ¿Acaso no creemos que Jesús murió y resucitó? Así también Dios resucitará con Jesús a los que han muerto en unión con él" (1 Ts. 4: 13-14).

La razón de la fe

El autor de Hebreos, al escribir que "sin fe es imposible agradar a Dios; porque es necesario que el que se acerca a Dios crea que le hay, y que es galardonador de los que le buscan" (Heb 11:6), transmite la idea de que aquello en lo que debemos creer no es meramente en la existencia del Dios creador sino, sobre todo, en aquel que ha establecido unas relaciones de gracia con los seres humanos.

Semejante fe se opondría por completo -según la Escritura- a la actitud negativa del insensato, del ateo práctico que dice que "no hay Dios" (Sal 53:1), y por tanto no se responsabiliza de sus actos ya que, en su opinión, no habría que responder ante nadie. Por desgracia, este talante de vivir como si Dios no existiera es demasiado común en nuestro tiempo y, con toda seguridad, está detrás de muchos comportamientos insolidarios y antisociales.

El texto de Hebreos, así como otros de Pablo y Lucas (1 Co. 1:21, 25; Lc. 10:21) han dado pie, en determinados momentos de la historia de la teología, al llamado "fideísmo". A la idea de que a Dios no se podría llegar mediante la razón humana -ya que esta se encuentra corrompida por el pecado- sino solamente por medio de la fe. Si las personas son salvadas por su creencia -tal como asegura el Nuevo Testamento- y resultara que la existencia de Dios pudiera ser probada racionalmente, entonces la fe sería innecesaria.

De manera que, si la teología cristiana es cierta, no puede haber pruebas lógicas de la existencia de Dios. Tal manera fideísta de ver las cosas, arraigó sobre todo en ciertos ambientes del mundo protestante, mientras que la Iglesia Católica la rechazó por considerarla equivocada puesto que menospreciaba la capacidad de la razón, una dimensión fundamental del ser humano. Por supuesto, como suele ocurrir, existen también fideístas católicos y antifideístas protestantes e incluso en el Islam se conoce este pensamiento.

Así pues, ante la pregunta de si existe o no Dios, ¿es posible dar alguna respuesta válida empleando solo la reflexión? Dicho de otro modo, ¿es menester dejar a un lado nuestra razón humana cuando hablamos de Dios? ¿Acaso esa dimensión esencial que nos caracteriza, y que tanta importancia tiene hoy en el mundo moderno, la racionalidad, es incompatible con el Dios que se revela en la Biblia, puesto que supuestamente no podría proporcionarnos ningún rasgo suyo? Ciertas argumentaciones, sin ser demostraciones empíricas definitivas, ¿no podrían tratarse de preámbulos o huellas sutiles que condujeran al misterio de lo divino?

Cuando se sacan a relucir tales cuestiones, quienes defienden la separación absoluta entre la ciencia y la teología aducen casi siempre las mismas réplicas: que la experiencia histórica muestra numerosos errores originados al mezclar la religión con la razón (cosa cierta pero matizable); que la mayoría de los científicos son ateos o agnósticos (en realidad lo son en la misma proporción que el resto de la sociedad); que el método científico basado en la observación nada tiene que ver con el teológico que se sustenta en la verdad revelada (también matizable); y, en fin, que la ciencia se centra en los objetos materiales, mientras la teología se interesa por la dimensión espiritual de la persona (sí, en general, pero con ciertos puntos de contacto). Por todo ello, se concluye que lo mejor sería dejar que ciencia y teología deambularan por senderos separados con el fin de que no se encontraran nunca. Al hacerlo así, cada disciplina podría tener su fiesta en paz.

No obstante, el resurgir contemporáneo de los enfrentamientos en torno a la cuestión de Dios y las religiones, así como de la apologética en general, demuestra una vez más que dicho planteamiento no resulta adecuado para dirigir las relaciones entre ambas áreas del pensamiento humano. No parece aconsejable decirle al científico que se abstenga de hablar de Dios o al teólogo que no tenga en cuenta los últimos descubrimientos de las ciencias naturales.

La cuestión fundamental será si puede o no haber interrelación entre la teología y las ciencias experimentales. Si, por ejemplo, los modelos cosmológicos aceptados por la ciencia encajan bien o no con la doctrina bíblica de la creación que afirma que Dios lo hizo todo con arreglo a un plan; o si las afirmaciones teológicas de que el ser humano fue creado con libre albedrío, o que Dios puede intervenir en la historia y dirigirla, resultan compatibles con las tesis de la física contemporánea; o la relación entre el espíritu y la materia; o el tema del mal en la naturaleza e incluso la perspectiva escatológica. Todo esto nos indica que existen numerosos puntos de contacto entre ciencia y religión.

Lamentablemente hoy se asume que la ciencia puede explicarlo todo, desde el milagro de la creación a partir de la nada hasta la conciencia y la dimensión espiritual del hombre. Y si esto es así, ¿qué le queda a la teología? Las fronteras del teólogo se reducen continuamente hasta la irrelevancia social y la marginalidad intelectual. ¿Es acertada esta manera de entender las cosas? Pienso que no.

Los muros que se procuran levantar entre ciencia y teología están destinados a ser saltados una y mil veces, como las vallas de Ceuta y Melilla. Hay agujeros en dichos muros que conectan los grandes interrogantes humanos, como la contingencia del cosmos, la existencia de una mente inteligente detrás de todo, los indicios de su diseño inteligente, la posible finalidad de la historia, la intervención de Dios en el mundo, la imperiosa necesidad de responsabilidad humana, etc. En nuestro país apenas si se tratan estas cuestiones pero en el mundo anglosajón se ha hecho una verdadera área de estudio de ellas. Existe un importante debate sobre las cuestiones fronterizas entre ciencia y teología que aquí se censura o ridiculiza.

En España, en general, no se suelen traducir los textos de aquellos pensadores que defienden y argumentan filosóficamente la existencia de Dios. Solo los de sus opositores. Y así, se les priva a los estudiosos hispanoparlantes de este campo de investigación que pudiera convertirse en una de las áreas filosóficas más creativas del siglo XXI.

En fin, aunque vivamos en una época científica, sigue siendo cierto que sin fe es imposible agradar a Dios y que la fe continúa teniendo su propia razón.

Cuatro ídolos posmodernos

El Dios que se revela en la Biblia es paradójico y contracultural. Paradójico porque casi siempre elige lo débil frente a lo fuerte, lo pobre ante lo rico y lo humilde en vez de lo altivo. Contracultural, puesto que no acepta los ídolos comunes de las culturas que rodean al pueblo elegido. Yahvé no escoge a Israel porque este fuera una tribu justa, culta o poderosa sino, más bien, por ser pobres e insignificantes en medio de las grandes potencias que les rodeaban.

Los poderosos reinos del norte se enfrentarán sucesivamente con sus rivales del sur y viceversa, pero para ello tendrán que transitar sus ejércitos por el reducido pasillo de este pequeño pueblo, limitado por el mar y el desierto. De ahí su valor estratégico y las vicisitudes históricas por las que pasan los hebreos. Ser elegidos no será pues ningún privilegio sino una responsabilidad tremenda ya que deberán llevar a cabo la ardua tarea de anunciar al mundo que el amor es siempre mejor que la guerra y que otro tipo de sociedad es posible.

Dios no se recrea en el poder de los poderosos sino que prefiere manifestarse a través de lo pequeño, lo débil, lo insignificante, lo marginado y oprimido. En tanto en cuanto Israel sea así, dependiente del creador, Yahvé permanecerá a su lado, pero cuando el pequeño pueblo se crea fuerte y autosuficiente, Dios se alejará y les permitirá comprobar las duras consecuencias de su pecado.

El error de la arrogancia y la tentación del poder o la codicia solían traer de la mano paralelamente los indeseables ídolos de las otras culturas. Excepto los persas, todos los demás pueblos de la antigüedad que entraron en contacto con los israelitas fueron idólatras. En Mesopotamia se ofrecían alimentos a los dioses creyendo que estos realmente se los comían. Los pueblos hititas castigaban con la pena capital a aquellos sacerdotes que consumieran los alimentos destinados a los ídolos. En Egipto se les despertaba por la mañana, se les aseaba, vestía y ofrecía su desayuno. Durante todo el día estaban bien atendidos, incluso se les transportaba para que visitasen a otros dioses familiares o amigos y al llegar la noche se les acostaba para que descansaran bien.

Los profetas de Israel, no obstante, no solo consideraban todo esto como una estupidez sino sobre todo como abominación y ofensa a Dios. El primero de los diez mandamientos dice: "No tendrás dioses ajenos delante de mí" (Ex. 20:3). Los judíos defendieron siempre el monoteísmo, ridiculizando la impotencia y falsedad de los ídolos (Sal. 115: 1-8). De ahí que cuando los hebreos entraron en Canaán, lo primero que hicieron fue destruir las estatuas de los baales, de Asera, Astoret, Moloc, etc. A pesar de esto, el peligro de la idolatría siempre estuvo latente y algunos sucumbieron a él a lo largo de la historia.

Una diferencia fundamental entre Dios y los ídolos fabricados por el ser humano es que estos terminan casi siempre por oprimir a la gente, mientras que Dios libera por completo. Los dioses de las diversas mitologías suelen demandar víctimas y necesitan esclavos que les adoren. Sin embargo, la mayor gloria del creador que se manifiesta en la Escritura es que los pobres y débiles vivan y sean protegidos. Dios es poderoso pero nunca manipula a las personas porque es además amor y tiene misericordia del hombre.

La Tierra entera es suya y nosotros solo somos mayordomos administradores con la responsabilidad de cuidar unos de otros, especialmente de los más necesitados. El apóstol Pablo en el Nuevo Testamento dice que la avaricia es también una forma de idolatría (Col. 3:5) y el propio Señor Jesús les manifestó a los fariseos avaros que algunas cosas que los humanos tienen como sublimes, delante de Dios son abominación (Lc. 16:14-15).

Pues bien, desgraciadamente este sigue siendo uno de los principales ídolos de nuestra época posmoderna: la avaricia consumista. Suele decirse que la posmodernidad murió con el derrumbamiento de las Torres Gemelas de Nueva York, en el 2001, sin embargo, lo cierto es que todavía sobreviven en la sociedad occidental algunas de sus desfiguradas huellas.

Algunos hablan de transmodernidad o de hipermodernidad para referirse al tiempo presente, pero la verdad es que vivimos en una mezcolanza de tendencias, valores y contrasentidos pertenecientes a varias épocas. Hoy, al sustituir el gran relato de Dios por los pequeños relatos del dinero, la ganancia a corto plazo y el poder, hemos maltratado la creación y generado esclavos por todo el mundo. De la misma manera que una mala teología conduce inexorablemente a una mala ética, la idolatría del consumismo desenfrenado reclama incesantemente sus víctimas entre los más vulnerables.

Uno de los cambios provocados por la última crisis económica en nuestro país es sin duda el incremento del desempleo. El paro laboral es una de las causas principales de la pobreza, las desigualdades y la exclusión social. Los pocos puestos de trabajo que hay se reparten ahora entre menos personas y se empieza a hablar ya de una nueva clase social llamada "precariado", constituida por los más desfavorecidos, con bajos niveles de capital económico, cultural y social. Son personas con capacidades potenciales que no pueden desarrollar porque carecen de dinero y sus vidas se han vuelto precarias e inseguras. Se ha señalado que en este colectivo se da un mayor número de enfermedades mentales y de suicidios. Son, en el fondo, las víctimas de esta nueva idolatría posmoderna del consumismo globalizado.

Quizás la cara más terrible de este ídolo sea la del comercio de la guerra. Se trata del que más sacrificios humanos exige en el frente -tanto de los atacados como de los atacantes- en nombre de supuestos ideales como erradicar el mal, acabar con regímenes tiranos, eliminar hipotéticas armas de destrucción masiva que supuestamente posee el enemigo o vengarse del terrorismo, cuando en realidad lo que muchas veces hay detrás son oscuros intereses mercantiles o geoestratégicos. Se hace la guerra por codicia.

España es uno de los principales países exportadores de armamento del mundo. Se le sitúa habitualmente entre el sexto o el séptimo lugar. El 78% del total de sus exportaciones suelen ser aeronaves militares y buques de guerra, pero también fabrica torpedos, cohetes, misiles y bombas racimo del modelo MAT-120. Durante el año 2014 se exportaron armas a Arabia Saudí por un valor de 293 millones de euros; a Egipto (108 m. e.); a Irak (95 m. e.) y a Omán (64 m. e.).[16] A veces, incluso se autorizan exportaciones "con fines humanitarios" ya que se supone que ante el deterioro de ciertas situaciones, las entregas de armamento permiten a la población civil defenderse por sí misma.

El elevado grado de secretismo y la opacidad con la que se llevan a cabo muchos de estos negocios impiden que la opinión pública esté

---

16. Melero, E., *El comercio de armamento en España*, Suplemento del Cuaderno n. 198 (n. 232) de *Cristianisme i Justícia*, marzo 2016.

debidamente informada y pueda expresar su opinión. Seguramente muchos españoles votarían con el fin de impedir que las armas hechas en nuestro país se emplearan para provocar sufrimiento y daños irreparables a millones de personas. Es cierto que la guerra no es nueva pero el comercio que genera hoy es como un ídolo posmoderno que sigue exigiendo sacrificios humanos.

De la misma manera, algunos deportes de masas como el fútbol han adquirido en nuestra época ciertas formas idolátricas. La gran palabra "Dios" propia de la modernidad ha perdido buena parte de su influencia y ha sido sustituida por otras pequeñas palabras posmodernas que se han divinizado también, tales como la palabra "gol". En la lengua de Shakespeare queda mejor este ejemplo: "God" (Dios) por "gol" (entrada del balón en la portería). Las catedrales de esta religión son los campos de fútbol, las pistas de baloncesto y los pabellones olímpicos donde se oyen intermitentemente estos gritos fervorosos y exaltados que salen del alma humana.

A tales templos del deporte se llega de la mano del sentimiento y la devoción. Si el equipo triunfa, la vida se llena de euforia, alegría y sentido. Si por el contrario pierde, brota la rabia, la frustración y hasta las lágrimas porque en el fondo lo que está en juego es el prestigio del clan, el pueblo, la ciudad, la región o el propio país. Se sacraliza así la propia nación por medio de la acción de esos once sacerdotes que ofrecen el sacrificio de su habilidad física en el terreno de juego. Es la liturgia del deporte que se oficia a nivel nacional. Se diviniza el gol de los propios y se anatematiza el de los rivales. En ocasiones, tal euforia no termina en los estadios sino que genera violencia física y se cobra también sus víctimas. Todo ídolo termina por exigir sacrificios, pero, ¡algo hay que hacer para combatir el aburrimiento existencial posmoderno!

Nuestro cuerpo puede llegar a ser otro ídolo posmoderno. El culto al cuerpo humano que se manifiesta en las tendencias narcisistas de la cultura actual no ha pasado tampoco desapercibido a la sociología. La sacralización corporal que manifiestan tantas pasarelas de la moda, gimnasios, dietéticas, exhibicionismo, libertad sexual, cosmética, cirugías estéticas, etc., esconde detrás determinadas concepciones antropológicas y religiosas.

El cuerpo ya no se concibe como una parte de la persona sino como su totalidad. "Es como si los cuerpos perfectos de la posmodernidad hubieran sido abandonados por sus espíritus; como si hubieran ganado belleza por fuera a costa de perder profundidad y hermosura interior".[17] El anhelo de eternidad propio del alma humana se busca hoy erróneamente en lo efímero y caduco. De ahí que tantos cuerpos maduros exhiban irremediablemente las huellas de la servidumbre a ese ídolo característico de nuestro tiempo.

Sin embargo, Jesús de Nazaret, que no fue moderno ni tampoco posmoderno, pronunció esta frase desde su época premoderna: "No os afanéis por vuestra vida, qué habéis de comer o qué habéis de beber; ni por vuestro cuerpo, qué habéis de vestir. ¿No es la vida más que el alimento, y el cuerpo más que el vestido?" (Mt. 6:25). Cuando de la intrascendencia se hace modelo, lo verdaderamente importante se disuelve en el olvido colectivo.

Por último, me gustaría referirme a otra de tantas sacralizaciones contemporáneas, la del naturalismo materialista. El método naturalista que siguen las ciencias experimentales supone que toda la realidad puede explicarse en términos físico-químicos. Sin embargo, ¿hasta qué punto es coherente que la ciencia defina y delimite el mundo según este apriorismo naturalista?

El naturalismo metodológico está inevitablemente ligado al naturalismo ontológico. Creer que todos los fenómenos pueden explicarse de forma natural conduce, en última instancia, a pensar que la naturaleza se ha hecho a sí misma sin necesidad de un creador sobrenatural. Y tal creencia es otro gran ídolo de nuestro tiempo adorado por millones de criaturas. Su teología idolátrica se enseña cada día en las catequesis universitarias por medio de la revelación evolucionista. El darwinismo al azar lo explicaría todo y sería la causa de todo, mientras que el Dios de la Biblia se convertiría en un viejo mito ya superado. Si alguien desea seguir creyendo todavía en él, debe saber que las teorías de la ciencia ya no lo necesitan.

No obstante, esta manera de ver las cosas choca contra todo aquello que nos indica hoy el mundo natural. El universo y los seres vivos presentan rasgos inequívocos de diseño. El orden y la información que manifiestan las estructuras de los organismos son elementos fundamentales y constitutivos de la realidad que podemos estudiar fácilmente. Y esto permite cuestionar las explicaciones naturalistas, que han prevalecido hasta hoy en el seno de la ciencia, puesto que la

---

17. Cruz, A., *Postmodernidad*, 1996, CLIE, Terrassa, Barcelona, p. 146.

biología evidencia unos procesos no azarosos sino dirigidos a fines concretos (teleología). Lo cual indica necesariamente intención e inteligencia personal y nos permite razonablemente volver la mirada a Dios como causa de toda la realidad.

Según la revelación bíblica, existe una gran realidad amorosa universal que nos creó y nos ama profundamente. Contra ella el ser humano ha elaborado ídolos a lo largo de la historia y hasta el presente. Tales fetiches suelen convertirse en valores de este mundo que pretenden robarle al creador los corazones humanos. En ocasiones, estos ídolos posmodernos no son más que sublimaciones de lo ridículo y lo efímero, pero casi siempre suponen una infravaloración del verdadero Dios.

Este ha sido siempre el gran pecado de la humanidad: sustituir al Sumo Hacedor de todo lo creado por imágenes de barro o ideologías deshumanizantes. Sin embargo, el hombre y la mujer no están hechos para doblar sus rodillas ante nada ni ante nadie, sino solo ante Dios. Y el Señor Jesús enseñó que a Dios se le adora, especialmente, doblando el corazón ante todo ser humano.

Conclusión

La creencia en la existencia de Dios no es un salto a ciegas en el abismo de la nada sino que, tal como se ha argumentado a lo largo de estas páginas, se trata de una actitud razonable que deduce, desde la realidad natural observable, la necesidad de un supremo artífice o diseñador inteligente. Sin embargo, tal deducción dice poco acerca del carácter y la voluntad del creador. Si Dios existe, ¿cómo podemos conocer sus propósitos para la existencia humana? ¿Es posible todavía, en el siglo XXI, confiar razonadamente en la Biblia y seguir considerándola como revelación divina?

Hay por lo menos siete razones fundamentales por las que podemos confiar en la revelación bíblica y, por tanto, en la existencia de Dios. La primera tiene que ver con su *precisión histórica*. Es evidente que la Biblia no es un libro de historia, pero las narraciones que cuenta son históricamente verídicas. El mismo texto afirma que *es imposible que Dios mienta* (He. 6:18) y que *recta es la palabra del Señor* (Sal. 33:4).

Una de las principales características de toda narración histórica es que esté apoyada sobre el testimonio de testigos presenciales. Estos son primordiales para asegurar la veracidad del relato. Pues bien, la mayor parte de las historias de la Biblia están respaldadas por testigos oculares.

Moisés vio con sus propios ojos las plagas de Egipto y cómo se abría el Mar Rojo para que los israelitas lo cruzaran. Josué observó, después de seis días de dar vueltas a la ciudad de Jericó, que al séptimo día sus muros se derrumbaron. Los discípulos de Jesús, como Mateo, Juan y Pedro, vieron todos los milagros que realizó, así como su resurrección, y lo escribieron para que otros pudieran saberlo. Incluso quienes no fueron testigos presenciales, como los evangelistas Marcos y Lucas, recibieron el testimonio directo de quienes lo habían visto y oído. De manera que la Escritura aporta el importante respaldo de los testigos inmediatos.

Otra característica que apoya la precisión histórica de los relatos bíblicos es el extremo cuidado con que fue copiada siempre la Biblia. Sobre los rollos de papiro (papel grueso hecho de láminas de esta planta acuática) se escribía a mano. Por supuesto, al no existir la imprenta, la única forma de reproducir los manuscritos era copiarlo letra por letra del original. Nosotros hoy tenemos tendencia a copiar los escritos palabra por palabra, pero los hebreos lo hacían letra por letra. Los escribas que realizaban dicha labor conocían el número exacto de letras que había en cada libro. Incluso sabían cual era la letra central del mismo. Esto les permitía, al terminar la copia, contar las letras anteriores para ver si su número coincidía exactamente con las posteriores. Si tales cantidades no se correspondían, destruían todo el rollo y empezaban de nuevo.

Cuando fueron encontrados los famosos manuscritos o rollos del Mar Muerto en el año 1947, en unas cuevas de Qumrán situadas muy cerca de dicho mar tan singular, se descubrió que databan aproximadamente de unos cien años antes de Cristo. Afortunadamente contenían todos los libros del Antiguo Testamento, a excepción del libro de Ester. En ese momento, las copias más antiguas que se poseían de muchos libros veterotestamentarios databan tan solo de unos 900 años después de Cristo. Es decir, que eran del siglo X d. C. Esto significa que entre los manuscritos del Mar Muerto y las copias existentes del Antiguo Testamento habían trascurrido nada más y nada menos que mil años.

Era fácil suponer que una diferencia cronológica tan enorme habría generado numerosos errores que se reflejarían al compararlos con las copias existentes. Pues bien, supuso una tremenda sorpresa comprobar que textos separados por un milenio eran idénticos. No había diferencias entre ellos. ¿Qué significa esto? La Biblia fue copiada y transmitida a las generaciones posteriores con una pulcritud y exactitud extraordinaria.

También la arqueología ha jugado un papel relevante en la determinación de la precisión histórica del texto revelado. Por ejemplo, el evangelista Lucas menciona en los *Hechos de los apóstoles* más de 50 ciudades, una treintena de países y nueve islas diferentes. Aunque los nombres de muchos de estos lugares fueron cambiados a lo largo de la historia, las excavaciones arqueológicas descubrieron la existencia real de todos ellos.

En muchas ocasiones, los arqueólogos dudaban o simplemente negaban que tales enclaves realmente hubieran existido y afirmaban que la Biblia estaba equivocada. Sin embargo, lo cierto es que todos y cada uno de estos lugares geográficos fueron encontrados por los arqueólogos. Lo cual confirma la precisión geográfica e histórica con la que escribió el médico cristiano de origen griego.

En este sentido, la arqueología ha venido manteniendo durante bastante tiempo la idea de que Salomón no fue un personaje histórico ya que no se había encontrado nada que confirmara el testimonio de la Biblia. Se dijo también que era imposible que tuviera caballos, tal como afirma la Escritura, ya que en aquella época únicamente se usaban camellos. Hasta que en Meguido, un montículo situado en Samaria al sur del monte Carmelo, se descubrieron las ruinas de una ciudad amurallada en la que habitó Salomón durante el siglo X a.C., así como restos de los establos para cobijar a los caballos. Actualmente cientos de turistas visitan este lugar cada día y se fotografían junto a una escultura moderna que representa un carruaje de aquella época, tirado por las siluetas de dos férreos caballos.

Algo parecido ocurrió con el imperio hitita. La Biblia hablaba de ellos en Génesis, Éxodo y Números, pero el escepticismo arqueológico de algunos no se los tomó en serio hasta que se dio de bruces con las ruinas de Hattusa, en la provincia turca de Çorum. En el año 1900, el profesor Hugo Winkler descubrió, en el transcurso de una expedición a Bogazkoy, más de diez mil tablillas pertenecientes al archivo nacional de los hititas. Hoy se sabe que todo lo que decía el Pentateuco sobre dicho imperio era cierto. Y esto, qué duda cabe, confirma que la Escritura no es un invento humano sino la verdadera Palabra de Dios.

La segunda razón fundamental por la que se puede confiar en la Biblia es por su *erudición y sabiduría*. Evidentemente no es un libro de ciencia pero la información que transmite es verídica. Su lenguaje no es científico pero comunica conocimiento verdadero. No es enemiga de la ciencia y nunca habla mal de ella.

Cuando el apóstol Pablo le dice a su discípulo Timoteo que evite los argumentos de la *falsamente llamada ciencia* (1 Ti. 6:20), no se refiere a lo que hoy entendemos por "ciencia" sino al conocimiento espiritualista (*gnosis*), introducido en la propia iglesia por los gnósticos de su tiempo, que producía un falso intelectualismo. Es decir, Pablo insta a no perder el tiempo en discusiones teológicas o religiosas inútiles que no conducen a nada positivo. El gnosticismo rechazaba el cuerpo y la materia para sobrevalorar solo el alma o lo espiritual, pero incurriendo en errores y herejías peligrosas.

La verdad nunca puede cambiar, sin embargo la ciencia humana, por su propia naturaleza y en su búsqueda de la verdad, está siempre cambiando. ¿A quién le gustaría, por ejemplo, ser intervenido quirúrgicamente por un médico de la Edad Media y con el instrumental de aquella época? No hay nada más inútil que un libro de ciencia antiguo.

Recuerdo los textos de genética o biología que usábamos a finales de los 70, cuando era estudiante en la Universidad de Barcelona. Hoy están tan desfasados que apenas sirven para algo (quizás para hacer historia de la ciencia). Lo mismo ocurre con los libros de medicina, tecnología o informática. De la misma manera, alimentos, bebidas y productos químicos que antes se consideraban beneficiosos para la salud, ahora resulta que pueden producir enfermedades como el cáncer. El conocimiento humano de la realidad material cambia a medida que transcurre el tiempo ya que la ciencia evoluciona continuamente.

No obstante, si hubiéramos podido leer la Biblia hace mil años, habríamos visto que decía exactamente lo mismo que afirma hoy. Las Sagradas Escrituras no cambian, ni están condicionadas por la ciencia o el conocimiento humano de una determinada época de la historia. Al ser reveladas por Dios a los hombres que las escribieron, creemos que no pueden contener errores porque el creador conoce todos los enigmas del mundo, antes de que el ser humano los descubra mediante su ciencia. En cambio, si la Biblia fuera un libro exclusivamente humano, no inspirado divinamente, sería lógico esperar que estuviera plagada de equivocaciones o de creencias falsas propias de la antigüedad. Sin embargo, es fácil comprobar que no es así.

Por ejemplo, durante milenios diversas culturas humanas, estimuladas por el sentido común, llegaron a la convicción de que la Tierra era plana. Los antiguos habitantes de Babilonia pensaban que se trataba de una especie de tabla rocosa que flotaba sobre los mares. Según los hindúes, dicha tabla plana se sostenía sobre el lomo de cuatro gigantescos elefantes que, a su vez, se aguantaban encima del caparazón de una enorme tortuga que nadaba en los océanos. Por su parte, las civilizaciones china y egipcia estaban convencidas de que la superficie plana de la Tierra estaba cubierta por una gran bóveda celeste que se sostenía sobre cuatro pilares rocosos colocados adecuadamente en las esquinas del mundo. Incluso el famoso filósofo griego, Tales de Mileto, que también fue matemático, geómetra y físico en el siglo VI antes de Cristo, sostuvo asimismo la idea que la Tierra era plana.

¿Cómo es que, a pesar de tales creencias -que hoy sabemos que eran erróneas- que se mantuvieron durante miles de años, la Biblia no dice en ningún versículo que la Tierra sea plana? De hecho, lo que afirma es más bien lo contrario. Unos 2600 años antes de que la ciencia demostrara la redondez del planeta, en el libro de Isaías (40:22) ya se podía leer: Él es el que está sentado sobre la redondez de la tierra. Cuando se escribió este texto casi nadie creía en la redondez del mundo. Sin embargo, la inspiración divina hizo que tal frase fuera escrita, tanto si los hombres de aquella época la aceptaban o entendían, como si no.

Algunos dicen que cuando la Biblia habla de *los fundamentos de los montes o de la tierra* (en pasajes como Dt. 32:22; Pr. 8:29 y Jer. 31:37) se refiere a los pilares de la tierra en que creían otras culturas. No obstante, esto es una mala interpretación del texto. La idea apunta más bien a lo que hay debajo de las montañas. Los fundamentos de los montes deben entenderse como las rocas subyacentes que soportan el peso de las cadenas montañosas y no como supuestos pilares que sostuvieran una Tierra plana.

Otro versículo significativo se encuentra en el libro más antiguo de la Biblia, el de Job (26:7): Él despliega el norte sobre el vacío y suspende la tierra sobre la nada. ¿Cómo podía saber este antiquísimo profeta del Antiguo Testamento que la Tierra flota en el espacio sobre la nada? ¿No se creía entonces que era plana y se aguantaba mediante cuatro pilares? La ciencia de una determinada época de la historia no es adecuada para estar en la Escritura ya que esta revela la verdad que viene de Dios y va por delante de los conocimientos del ser humano. ¿No ocurrirá también lo mismo en el futuro con algunas hipótesis científicas actuales que parecen contradecir la Biblia?

La tercera característica bíblica es el hecho de que *sus profecías se cumplen*. Las Sagradas Escrituras contienen miles de profecías, de las que aproximadamente unas trescientas se refieren exclusivamente a Jesús y le señalan como el Mesías prometido a Israel. Ocho siglos antes de que naciera el Maestro, el profeta Miqueas escribió acerca del lugar de su nacimiento: *Pero tú, Belén Efrata, pequeña para estar entre las familias de Judá, de ti me saldrá el que será Señor en Israel; y sus salidas son desde el principio, desde los días de la eternidad* (Mi. 5:2). Y, en efecto, así ocurrió.

De la misma manera, el profeta Isaías pronosticó, setecientos años antes, que el Mesías nacería de una mujer virgen: *Por tanto, el Señor mismo os dará señal: He aquí que la virgen concebirá, y dará a luz un hijo, y llamará su nombre Emanuel* (Is. 7:14). También aseguró que realizaría numerosas sanidades: *Entonces los ojos de los ciegos serán abiertos, y los oídos de los sordos se abrirán. Entonces el cojo saltará como un ciervo, y cantará la lengua del mudo* (Is. 35:5-6). Estas palabras fueron corroboradas por el evangelista Mateo: *Los ciegos ven, los cojos andan, los leprosos son limpiados, los sordos oyen, los muertos son resucitados, y a los pobres es anunciado el evangelio* (Mt. 11:5). ¿Qué profeta es capaz de semejantes predicciones sin estar influido por el poder de Dios?

La muerte de Jesucristo junto a los pecadores fue asimismo vaticinada siete siglos antes de que ocurriera: *Por tanto, yo le daré parte con los grandes, y con los fuertes repartirá despojos; por cuanto derramó su vida hasta la muerte, y fue contado con los pecadores, habiendo él llevado el pecado de muchos, y orado por los transgresores* (Is. 53:12). Será también el evangelista Mateo quien certificará este complimiento: *Entonces crucificaron con él a dos ladrones, uno a la derecha, y otro a la izquierda* (Mt. 27:38).

Y, en fin, entre las muchas profecías que se cumplen en Jesús, están también las de su resurrección sobrenatural. Oseas escribió 750 años antes, refiriéndose al destino que le esperaba a Israel: *Nos dará vida después de dos días; en el tercer día nos resucitará, y viviremos delante de él* (Os. 6:2). Tal y como se cumplió en la persona del Señor Jesucristo.

La cuarta característica bíblica es su *unidad temática*. Un mismo asunto fundamental vertebra toda la Escritura de principio a fin. Se trata de la redención del ser humano llevada a cabo por Cristo, que es el protagonista principal de toda la obra. ¿Cómo es posible que un libro, escrito a lo largo de un período de 1600 años, por cuarenta autores diferentes, la mayoría de los cuales no se conocían entre sí, en tres continentes distintos (Europa, Asia y África) y en tres idiomas (hebreo, arameo y griego), trate siempre del mismo tema?

Es normal que los libros de un solo autor posean unidad temática, pero ¿cómo es posible que cuarenta autores diferentes, que no eran contemporáneos, coincidieran en el mismo asunto fundamental? Es evidente que la mano de Dios estuvo detrás de la inspiración de la Biblia a lo largo de la historia.

Una quinta característica de la Escritura es el hecho de que *el Señor Jesús creyera en ella y la aceptara como Palabra de Dios*. Por supuesto este hecho contribuye a legitimarla. Él dijo: *Porque de cierto os digo que hasta que pasen el cielo y la tierra, ni una jota ni una tilde pasará de la ley, hasta que todo se haya cumplido* (Mt. 5:18). Como es sabido, los judíos se referían a la Ley como al Pentateuco, es decir, la Escritura. De manera que el Maestro aceptaba la Biblia, creía en la historicidad de Adán y Eva así como en los primeros capítulos del Génesis. Jesús asumió como ciertas la historia de Noé y el juicio que supuso el diluvio, la tragedia de Sodoma y Gomorra, la relación entre Jonás y los ninivitas, las predicciones de los profetas, etc.

Actualmente muchos estudiosos bíblicos dudan de la veracidad de tales historias. Sin embargo, poseemos muchas razones para pensar que Jesús creía en ellas y las entendía como acontecimientos y personajes reales. Si no hubiera sido así, su talante personal le habría impedido disimular ante sus contemporáneos y lo hubiera manifestado públicamente. Pero lo cierto es que el Maestro jamás puso en duda la Escritura.

Dios hace milagros. La creación del universo es el mayor de ellos. El despertar de la vida no es menos milagroso. Pero es el surgimiento de la conciencia del ser humano lo que culmina el proceso creador divino. Todos los demás acontecimiento sobrenaturales que relata la Biblia, llevados a cabo en el mundo pero alterando sus leyes, son solo aspectos secundarios del gran milagro original de la creación. Si Jesucristo creía y aceptaba la realidad de los milagros narrados en la Escritura, creo que nosotros también debemos hacerlo.

En sexto lugar, es evidente que *la Palabra ha sobrevivido a todos los ataques* contra ella sufridos a lo largo de la historia. Uno de los primeros intentos de aniquilarla está relatado en la propia Escritura. Dios mandó a Jeremías, seis siglos antes de que naciera Jesús, que escribiera un mensaje en un rollo condenando la conducta de los habitantes de Judá. Cuando este texto le fue leído al rey Joacim, inmediatamente lo cortó con un cortaplumas de escriba y lo quemó en el fuego de un brasero (Jer. 36:23).

Cuando Israel cayó bajo el domino seléucida, tras la fragmentación del Imperio griego, uno de los reyes de esta dinastía, Antíoco Epífanes, que gobernó desde el año 175 a. C. hasta el 164 a. C., trató de imponer en Israel la religión y las costumbres helenas. Saqueó el templo judío y sobre su altar construyó otro dedicado al dios Zeus. Intentó eliminar por completo los rollos de la Ley. Sin embargo, aunque fueron destruidas en el fuego muchas copias de las Sagradas Escrituras, algunas, ocultas en cuevas y otros lugares, lograron ser salvadas.

Otro gobernante obsesionado en destruir la Palabra fue el emperador romano Diocleciano, quien en el año 303 d. C. ordenó perseguir a los cristianos y quemar sus Biblias en medio de las plazas públicas, ya que sabía que estas eran esenciales para ellos. Muchos creyentes prefirieron la tortura o la muerte antes que entregar sus Sagradas Escrituras para que las destruyeran.

La historia está repleta de ejemplos en los que se intentó silenciar la Palabra de Dios. Desde la Antigüedad clásica, pasando por la Edad Media y hasta el presente, siempre ha habido enemigos de la fe cristiana que han intentado acabar con ella. Es conocida la curiosa anécdota del abogado francés Voltaire, uno de los principales representantes de la Ilustración, quién escribió varios tratados burlándose de la Biblia.

En cierta ocasión dijo que, en tan solo cien años, este libro tan querido por los cristianos habría sido completamente olvidado y ya nadie hablaría de él. Paradójicamente, un siglo después de su muerte, la propia casa de Voltaire se convirtió en almacén de Biblias de la Sociedad Bíblica de Francia. Muy poca gente lee hoy los escritos de este autor, sin embargo, la Escritura se sigue apreciando en todo el mundo y continúa llevando criaturas a los pies del Maestro. Tal como dijo el Señor Jesús: *El cielo y la tierra pasarán, pero mis palabras no pasarán* (Mt. 24:35).

Por último, la séptima característica distintiva de la Biblia es *su singular capacidad para transformar la vida de las personas*. La Escritura tiene poder para dar vida abundante y cambiar la existencia de los seres humanos que se acercan a ella con deseos de conocer a Dios.

Al descubrir a Jesús entre sus renglones milenarios y entender su mensaje, nuestra vida queda inmediatamente contrastada e interpelada por él. Descubrimos nuestras equivocaciones existenciales (llamadas "pecado" en la Biblia) y podemos lograr la fuerza necesaria para vencerlas y no volver a caer en ellas. El Espíritu Santo actúa así hablando a nuestra conciencia a través de la lectura de la Escritura y señalándonos aquellas áreas de nuestra vida que deben ser corregidas. El arrepentimiento sincero y el despertar de la fe en Jesucristo se anticipan siempre al perdón divino.

Si la Biblia fuera una gran mentira inventada por los hombres, (como creen algunos) realmente la humanidad estaría ante un gran problema porque, de hecho, es el único libro que nos habla de trascendencia, de eternidad y de cómo formar parte de ellas.

No obstante, afortunadamente poseemos muchas razones para confiar en la Biblia como genuina revelación divina. Hay muchos libros en el mundo que *forman* a las personas (como los libros de texto de las escuelas y universidades), otros *reforman* (como algunos de autoayuda) pero solamente existe un libro que *transforma* por completo a las criaturas. Se trata de la auténtica Palabra de Dios.

Índice analítico y onomástico